ACHTSAMKEIT

Das besondere Impulsbuch für einen sensiblen und bewussten Umgang mit sich selbst

Redaktion: Petra Bartoli y Eckert
Illustrationen Umschlag und Innenteil: © Fotolia/anamad
Umschlaggestaltung und Innenlayout: Babylon & Kienecker, Berlin
Satz: Kösel Media GmbH

www.cornelsen.de

1. Auflage 2017

Druck: H. Heenemann, Berlin

ISBN 978-3-589-15189-9

PEFC
PEFC/04-31-1156

PEFC zertifiziert
Dieses Produkt stammt aus nachhaltig bewirtschafteten Wäldern und kontrollierten Quellen.

www.pefc.de

INHALTSVERZEICHNIS

SCHON WIEDER SO EIN TAG ...

Jeder Tag ist anders. Sicherlich geht dir manchmal die Arbeit in der Kita ganz leicht von der Hand. An einem anderen Tag fühlt sich hingegen alles schwer und kaum zu bewältigen an. Wie erlebst du deinen Arbeitsalltag in der Kita?

Es ist ein ganz normaler Tag in der Kita Sonnenschein. Erzieherin Sandra unterstützt Dominik und Fabian dabei, ihren Streit zu schlichten. Fabian hat das Spielzeugauto, mit dem Dominik gerade beschäftigt war, einfach weggenommen. Dominik braucht Sandras Hilfe, um Fabian zu sagen, wie wütend er darüber ist und dass er das nicht möchte. Sandra atmet tief durch, als sich Fabian schließlich entschuldigt und die beiden gemeinsam weiterspielen wollen.

Gleichzeitig beobachtet sie, wie Lina an einer Figur aus Knetmasse arbeitet. Immer wieder fällt das Männchen, das Lina mühevoll formt, in sich zusammen. „Sandra, hilf mir!“, ruft sie laut. Gerade, als Sandra zu Lina an den Basteltisch gehen will, fällt ihr Blick auf Timmys Hose. Dort breitet sich ein dunkler Fleck aus. Oje, Timmy hat sich nass gemacht und braucht Hilfe beim Umziehen.

Eine echte Herausforderung:
wenn alle Kinder gleichzeitig etwas von dir wollen ...

Während Sandra sich ihm zuwendet, zieht Matei an ihrem Ärmel und plappert drauf los. Er will ihr jetzt sofort etwas zeigen. Sandra hat Mühe, den Zweijährigen zu verstehen.

Außerdem erinnert sie sich, dass sie das Gespräch mit Majas Eltern noch vorbereiten muss. Sie wollte doch einige Unterlagen dafür zusammensuchen. Und plötzlich steht die Kollegin aus der Bärengruppe im Türrahmen mit der Frage: „Sandra, hast du mal einen Moment Zeit?"

Sandra schaut sie angespannt an. Äußerlich bewahrt sie die Ruhe. Innerlich sieht es in ihr jedoch ganz anders aus. Frustration breitet sich in ihr aus. Das Elterngespräch wäre Klaras Aufgabe gewesen. Diese meldete sich heute Morgen allerdings krank. Und die neue Kollegin aus der Bärengruppe fragt ständig sie um Rat, weil sie schnell bemerkt hat, dass Sandra sehr hilfsbereit ist. Zu guter Letzt macht sich ein leichtes, aber sehr schmerzendes Pochen in ihren Schläfen bemerkbar.

Zwischendurch einfach mal die Zeit anhalten – wäre das nicht wohltuend?

Sandra sehnt sich in diesem Moment nach der allseits bekannten „einsamen Insel". Eine Rückzugsmöglichkeit wäre jetzt genau das Richtige. Sie liebt ihren Beruf, doch so vollgepackte Augenblicke wie diese sind für sie nur schwer auszuhalten, zumal sie seit einiger Zeit das Gefühl hat, dass die Anforderungen immer größer werden.

Wie Erzieher und Erzieherinnen den Alltag in der Kita empfinden

Der Beruf der ErzieherIn stellt viele Anforderungen an diejenigen, die ihn ausüben.

Stefan, 25 Jahre, sagt dazu:
„Ich liebe den Beruf. Vor allem das Musizieren mit den Kindern, aber auch die naturwissenschaftlichen Experimente. Die Kinder sind so begeisterungsfähig und neugierig, dass es einfach Spaß machen muss. Allerdings war mir vor meiner Berufswahl nicht bewusst, wieviel Schreibarbeiten und Organisation auf mich zukommen. Das kann ganz schön nerven."

Dein Beruf hält viele magische Momente für dich bereit.

Paula (23) beklagt sich über Eltern, die sie nicht ernst nehmen:
„Schwierig sind insbesondere Mütter, die in einem pädagogischen, sozialpädagogischen oder psychologischen Beruf arbeiten. Sie lassen hier und

da durchblicken, dass sie wohl mehr Ahnung von meiner Arbeit haben als ich. Schließlich haben sie studiert, und ich bin auch jünger als sie. Puh, ich kann ihnen kaum etwas recht machen. Immer wollen sie das letzte Wort haben."

Chris, 28 Jahre, sagt:
„Seit neuestem haben wir eine neue Leitung. Unsere alte Leiterin ist in den Ruhestand gegangen. Wir haben sie alle sehr gemocht. Sie war meistens total entspannt, was sich wohltuend auf das ganze Team ausgewirkt hatte. Jetzt haben wir eine neue Leiterin, die sich wohl unbedingt profilieren will. Sie ist so schrecklich bemüht. Ein Projekt jagt das andere. Vor den Eltern katzbuckelt sie. Und von uns erwartet sie noch mehr Engagement, obwohl doch schon jeder hier sein Bestes gibt. Das ist ganz schön anstrengend."

Mit Kindern auf Entdeckungsreise gehen – nimmst du dir dafür Zeit?

Yvonne (39) erzählt:
„Ich empfinde die Kinder oft als sehr unruhig und unstet. Ich habe das Gefühl, dass einige Kinder sich heutzutage gar nicht mehr richtig konzentrieren können. Sie beginnen ein Spiel und kurze Zeit darauf brechen sie es ab und machen sich auf die Suche nach einem neuen. Marc z. B. ist ein richtiger Zappelphilipp. Wo Lärm ist, ist Marc. Es fällt ihm schwer, fünf Minuten still zu sitzen. Wenn andere Kinder friedlich in einer Ecke spielen, stört er das Spiel. Wenn er malen möchte, hat er die Lust daran schon wieder verloren, sobald Farben, Pinsel und Papier zurechtgelegt sind und ich ihm in den Malkittel geholfen habe.“

Die Aufgabengebiete von Erzieherinnen und Erziehern sind vielfältig und umfangreich. Was auf der einen Seite reizvoll ist, kann auf der anderen Seite auch anspruchsvoll und damit sehr belastend sein. Du musst ein echtes Multitalent sein, um allen Erwartungen gerecht zu werden.

Was erwartet wer von dir?
Sicher machst du dir darüber immer wieder Gedanken.

Da sind die Kollegen in der Kita, die von dir Teamfähigkeit, Selbstständigkeit, Verantwortungsbewusstsein, Zuverlässigkeit, Durchblick, Selbstbewusstsein, Fachkompetenz, Lernfähigkeit, Durchhaltevermögen, Engagement, Kreativität, Flexibilität, Sauberkeit, Ordnungssinn und Organisationstalent erwarten.

Die Eltern wollen mit ihren Anliegen von dir gesehen und gehört werden. Sie selbst sind aber nicht immer bereit, den eingeforderten Rat auch anzunehmen oder sich in der Kita einzubringen.

Der wichtigste Mensch in deinem Leben: Du!

Und dann sind da noch die Kinder. Wahrscheinlich hast du gerade ihretwegen diesen Beruf gewählt. Sie sind neugierig, lebhaft, experimentierfreudig, wissbegierig, aufmerksam, direkt, schutzbedürftig, anschmiegsam, begeisterungsfähig, musisch, künstlerisch und sportlich interessiert, aber auch mal launisch, laut, unausgeglichen und unberechenbar. Du liebst es, wenn sie sich dir anvertrauen, munter drauflos plappern, lachen und einfach nur fröhlich sind.

Doch da ist der Bildungsauftrag, den es zu erfüllen gilt. Beobachtungsbögen ausfüllen, Analysen, Dokumentationen und Gutachten erstellen, Beratungs- und Aufnahmegespräche können sich anfühlen wie Zwangsjacken, wenn die spielerische Leichtigkeit im Korsett des Arbeitsalltags ins Hintertreffen gerät.

Natürlich möchtest du es allen recht machen, denn du willst gut sein. Doch während du versuchst, den Wünschen aller anderen zu entsprechen, könntest du den wichtigsten Menschen in deinem Leben aus den Augen verlieren. Dich selbst.

EIN PAAR WORTE VORAB

Der Praxisalltag von Erziehern und Erzieherinnen ist komplex. Neuerungen in den letzten Jahren haben nicht immer dazu beigetragen, dir das Arbeitsleben zu erleichtern. Immer mehr Regeln und Richtlinien müssen befolgt werden. Kinder, Eltern, die Kollegen und der Träger haben Ansprüche, mit denen du dich täglich auseinandersetzen musst. All das sind Einflüsse von außen, die deinen Arbeitsalltag mitbestimmen.

Als Erzieherin oder Erzieher erlebst du täglich, dass jede Menge Anforderungen an dich und deine Arbeit gestellt werden. Hinzu kommt dein eigener Anspruch an dich selbst. Gerade diese Erwartungshaltung wiegt besonders schwer, denn über sie definierst du dein Selbstbild, das Bild, das du selbst von dir hast.

Bist du ein Mensch, der Struktur und Ordnung liebt?

Bist du beispielsweise besonders ordentlich, wirst du viel Wert am Ende des Arbeitstages darauf legen, dass alles an seinem Platz steht, bevor du die Kita verlässt. Doch es gibt eben auch Situationen, in denen man fünf gerade sein lassen sollte.

Sicherlich hast du auch schon erlebt, dass dich jemand gefragt hat: „Warum haben Sie das so und nicht anders gemacht?“ Vielleicht hast du dich über diese Frage gewundert, denn du hast deine Vorgehensweise nicht infrage gestellt. Auch wenn es nicht deine Absicht ist, eckst du gelegentlich mit deinem Reden und Handeln an. Denn jeder hat eine andere Sichtweise und andere Gründe, warum er etwas genau so sieht oder genau so handelt.

Achtsam wahrnehmen hilft dir, deine Gedanken zu sortieren.

Dann kann ein Austausch mit Menschen aus deinem Umfeld mitunter schwierig sein. Missverständnisse in der Kommunikation, Zeit- und Termindruck, Vorgaben, unvorhergesehene Ereignisse, körperliche und seelische Befindlichkeiten lassen dich auch mal an dir und deinem

Können oder dem der anderen zweifeln. Was kann dir helfen, aus so einer belastenden Situation auszusteigen?

Achtsamkeit ist der Pfad aus dem Dschungel des Alltags hin zur Gelassenheit und ins Vertrauen.

Achtsamkeit befreit vom Grübeln und von emotionalen Reaktionen des Körpers auf das Denken. Sie schafft Oasen der Ruhe, zentriert und stärkt dadurch von innen heraus. Achtsamkeit hilft, Unstimmigkeiten und die persönliche Haltung dazu aufzudecken.

Achtsamkeit löst nicht unmittelbar jedes Problem, doch sie gibt Klarheit darüber, welche Sicht auf das Problem besteht und welche nützlich für die Lösungsfindung wäre. Außerdem zeigt sie Wege auf, wie es gelingen kann, sich vom ständigen Zwang der Lösungsfindung zu befreien.

Mach dich auf die Suche nach dem Weg, der für dich der richtige ist.

Dieses kleine Buch möchte für dich ein Freund sein, der dir im Alltag aufmunternd und beruhigend zur Seite steht, weshalb es in der Du-Form von mir geschrieben wurde. Es ist für dich, lieber Erzieher, liebe Erzieherin.

Täglich bringst du dich ganz ein in deinem Berufsleben. Ich bin sicher, du hast die besten Absichten. Doch Absicht und Wirkung können auseinanderklaffen. Das hast du eventuell auch schon bemerkt. Das Leben ist ständige Veränderung, und ab und zu scheint es zu machen, was es will. Achtsamer Umgang damit hilft dir, nicht an dir zu zweifeln, sondern dich bewusst auf deine Stärken zu besinnen.

Während Kinder, Eltern, Kolleginnen und Kollegen deine Dienste beanspruchen, leitet dich die Achtsamkeit dazu an, dich selbst im Fokus zu halten. Du kannst dein Bestes nur dann geben, wenn du dich wohlfühlst. Mit ihr findest du heraus, was dir gut tut, was dich schwächt, ob du Abstand zu einer Situation brauchst und wie du das bewerkstelligen kannst.

Lebst du schon oder funktionierst du nur?

Achtsamkeit ist der Schlüssel zur Lebendigkeit. Sie macht dich darauf aufmerksam, in welchen Bereichen du nur funktionierst und lädt dich ein, dich in jedem Moment mit dem gegenwärtigen Augenblick zu verbinden, deine Kraft zu spüren und deine Ressourcen zu nutzen. Sie ist der Weg zu dir selbst.

Du bist wichtig!
Nimm dir Zeit, tanke auf, atme!

Daher lautet meine Botschaft an dich: Sei du selbst. Auch wenn du das nicht immer so empfindest, ist es dennoch so: Du bist der Mittelpunkt deines Lebens.

Achtsamkeit hilft dabei, dir selbst zu begegnen. Sie macht dich wach, aufmerksam, mutig und stärkt dein Selbstvertrauen. Doch nur wenn du beginnst, sie bewusst zu praktizieren, kann sie ihre Wohltat entfalten. Du bist eingeladen, liebe Leserin, lieber Leser, mit kleinen Schritten spielerisch zu beginnen.

Du musst das Buch auch nicht von vorne nach hinten lesen. Wenn du möchtest, schlage einfach eine Seite auf und mach dich auf die Suche: „Was könnte jetzt hilfreich sein?“ Und dann lies, worauf du deinen Zeigefinger gerichtet hast.

Egal, wie du vorgehst: Mache einen Schritt nach dem anderen, so wie es für dich passend ist.

Das Buch enthält immer wieder kleine aber auch größere Übungen, die du sofort oder auch später durchführen kannst. Erklärungen zum Thema dienen dazu, den Hintergrund zu erhellen. Verstehst du, warum Achtsamkeit etwas bewirkt und was sie bewirken kann, ist es eher wahrscheinlich, dass du sie wählst und anwendest.

Im vorletzten Kapitel „Leben im Hier und Jetzt: Achtsamkeit to go“ findest du Übungen für viele Lebenslagen. Habe bitte nicht den Anspruch, sie alle auf einmal ausprobieren zu wollen.

> **Was vor uns liegt und was hinter uns liegt, ist unbedeutend, verglichen mit dem, was in uns steckt.**
>
> *Ralph Waldo Emerson*

Beginne zunächst mit ein oder zwei achtsamen Praktiken und wende sie über den Tag verteilt immer wieder an. Nimm dir dann am Abend Zeit festzustellen, ob es einen Unterschied zu anderen Tagen gemacht hat.

Achtsamkeit soll dich nicht zu einem besseren Menschen machen, sondern zu einem Menschen, der das Leben liebt mit allem, was dazu gehört: das Auskosten schöner und damit glücklicher Momente, aber auch das Bewältigen schwieriger und herausfordernder Situationen.

Achtsamkeit ermöglicht dir, Glück zu erkennen, wenn es dir begegnet.

Achtsamkeit ist eine Lebenseinstellung. Als Praxis angewendet mag sie von dir manchmal als anstrengend empfunden werden, doch schon nach kurzer Zeit des kontinuierlichen Übens wirst du feststellen, dass sie imstande ist, dein Leben zu vereinfachen.

Deshalb meine Bitte an dich: Lies dieses Buch nicht nur, sondern probiere die Übungen aus. Fülle sie mit Leben. Erst dann weißt du, was möglich ist.

Übung: Innehalten

Atme während der nächsten drei Atemzüge betont lange aus.

Und nun wünsche ich dir viele achtsame Momente mit diesem Buch.

Nimm dir Zeit für jeden Moment – dann erlebst du das Wunder des Augenblicks.

ACHTSAMKEIT IST BEOBACHTEN

Mit Abstand gelangst du zur Selbsterkenntnis und zur Erkenntnis, was ist. Denn Achtsamkeit ist Selbstwahrnehmung. So erkennst du Gefühle, Motive und Motivationen im eigenen Verhalten.

Millionen Eindrücke prasseln täglich – im Alltag in der Kita, aber auch im Privatleben – auf dich ein. Es gibt

- visuelle Reize wie Licht, Farben, Formen, Größenunterschiede, Entfernungen.
- Geräusche wie Stimmen, Musik, Autogeräusche, das Ticken einer Uhr.
- Empfindungen wie heiß, kalt, eng, weit, drückend, entspannend, leicht, schwer.
- Gerüche wie süß, sauer, blumig, übelriechend, frisch oder muffig und vieles mehr.
- Hinzu kommt der Einfluss auf deinen Geschmackssinn. Du kannst süß, sauer, mild, bitter, scharf, frisch oder schal schmecken.

Schließe die Augen und versuche, dich zu erinnern: Wie riecht ein Gänseblümchen?

Welche Informationen lässt du im Augenblick durch deine innere Tür?

Wenn du alle Eindrücke gleichzeitig in dein Gehirn lassen würdest und diese dann auch noch geistig und emotional verarbeiten müsstest, wärst du nicht nur schlichtweg ständig überfordert, sondern du würdest verrückt werden. Damit dies nicht geschieht, hat jeder Mensch ein installiertes Filtersystem. Das heißt, dass alle Informationen gefiltert, ausgesiebt und unbewusst von dir abgesegnet werden.

Dieses Filtersystem unterteilt Informationen in „bekannt" und „unbekannt". Während des Filterungsvorgangs wird in Sekundenschnelle nach bekannten Informationen im Erinnerungsspeicher gesucht. Ähneln sich äußere Reize mit bereits abgespeicherten Informationen, werden sie „hereingelassen" und bearbeitet.

Übung: Achtsam wahrnehmen

Schau dich jetzt, ja genau jetzt, einmal im Raum um. Was siehst du? Schau einmal nach rechts, nach links, nach oben und nach unten.

Wie viel Prozent der Details siehst du ganz bewusst? Was schätzt du? Sind es 100 %, 80 %, 50 % oder 10 %?

Tatsächlich nimmst du nur 0,0001 % deiner Umgebung wahr. Wir sehen diese Welt nicht, wie sie ist. Wir sehen sie so, wie wir *glauben, dass* sie ist.

Hast du dich nicht auch schon des Öfteren gewundert, dass deine Kolleginnen und Kollegen oder Eltern eine Situation mit anderen Augen sehen als du?

Ein Beispiel aus dem Kita-Alltag

Deine Kolleginnen meinten bei Eintritt in deinen neuen Job, dass du dich in Ruhe mit allem vertraut machen solltest, Fragen stellen darfst, wann immer du welche hast und anfänglich nur assistieren musst. Schließlich, so meinten sie, brauchst du Zeit, dich einzuarbeiten.

Lass dich durch Belastungen im Alltag nicht runterziehen.

Doch nach etwa einer Woche reagiert eine Kollegin genervt, nachdem du sie zum vierten Mal um Rat gefragt hast. Sie empfindet die Zeitspanne der Einarbeitung anders als du selbst.

Je nachdem, was du in deinem bisherigen Leben erfahren hast, verspürst du vielleicht eine zunehmende Gereiztheit vonseiten deiner Kollegen oder eine eigene Verunsicherung.

Hattest du in der letzten Einrichtung schlechte Erfahrungen mit deinen Kolleginnen gemacht, ist es wahrscheinlich, dass jetzt dein Misstrauen geweckt wird und du annimmst, dass die genervte Kollegin dir nicht wohlgesonnen ist. Vielleicht aber kennst du bereits ähnliche Situationen und hast gelernt, dass nichts so ist, wie es zunächst scheint, so dass du innerlich ruhig bleibst.

Deine Bewertung bestimmt dein Erleben.

Jeder Moment hat zwei Seiten – versuche wahrzunehmen, ohne zu bewerten.

Es ist deine Bewertung, die eine Erfahrung in „gut“ oder „schlecht“ unterteilt. Diese Bewertung entscheidet dann auch darüber, ob diese Erfahrung in dir angenehme oder unangenehme Gefühle hervorruft.

So unterschiedlich kann Wahrnehmung sein

Stell dir vor, du kommst gut gelaunt in die Kita, weil du morgen in den Urlaub fährst, auf den du dich schon seit langem freust. Heute geht dir alles leicht von der Hand. Zwar hat der kleine Tim zum wiederholten Mal seinen Hausschuh verloren und Emmi ihren Tee verschüttet, die Mutter von Flo will dich sprechen, als es in der Gruppe gerade drunter und drüber geht. Deine Kollegin verlängert ihre Pause eigenmächtig um zehn Minuten, Ben und Maren streiten sich lautstark in der Bauecke, während du feststellst, dass Pauls Hose nass ist. Doch du bist und bleibst gut gelaunt. Heute bringt dich nichts aus der Ruhe.

Dein Erleben beeinflusst deine Entscheidungen.

Auch wenn es manchmal schwierig ist: Verkrieche dich nicht, bleibe offen!

An einem anderen Tag stehst du morgens schon mit dem linken Fuß auf. Möglicherweise hast du nachmittags nach der Arbeit einen Termin, der dir schon seit Wochen im Magen liegt und weshalb du heute angespannt bist.

In der Kita triffst du dann auf die gleiche Situation: Tim sucht wieder seinen Hausschuh, Emmi verschüttet den Tee, Flos Mutter muss dich unbedingt dann sprechen, als du gerade keine Zeit hast, Ben und Maren streiten sich, Paul hat wieder eine nasse Hose und deine Kollegin braucht zehn Minuten länger als abgesprochen für ihre Pause. Du bist nur noch genervt und verärgert. Der Wunsch in dir nach Rückzug an einen stillen Ort wird überdimensional groß. Mehr als einmal fragst du dich, wie du diesen Tag überstehen sollst. Wenn er doch schon vorbei wäre!

Gleiche Situation – unterschiedliche Empfindungen

Ein Tag vor deinem Urlaub macht dir das Chaos offensichtlich nichts aus. Sicherlich bist du froh, wenn du endlich nach Hause fahren kannst, um deine Koffer fertig zu packen. Aber du bleibst gut gelaunt. Heute fühlst du dich wie ein Fels in der Brandung. Also bittest du Frieda und Lars, Tim bei der Suche nach seinem Hausschuh zu helfen. Emmi drückst du ein großes Handtuch in die Hände und erklärst ihr, wie sie den verschütteten Tee selbst aufwischen kann.

Dein Schiff geht nicht unter.
Du lenkst es – ruhig, achtsam und bestimmt!

Flos Mutter bittest du freundlich aber bestimmt um zehn Minuten Geduld, bis du alles geregelt hast. Du sagst ihr, sie möge doch solange im Eingangsbereich warten, bis deine Kollegin aus der Pause zurück ist. Du wendest dich dann Maren und Ben zu, hilfst ihnen freundlich dabei, eine Lösung für ihren Streit zu finden und kannst deine eigene Lösung dabei zurückhalten. Dann nimmst du dir Zeit, Paul zu wickeln. Als deine Kollegin aus der Pause kommt, wendest du dich Flos Mutter zu. Dir geht es immer noch hervorragend, denn innerlich bist du schon auf Urlaub eingestellt.

Im zweiten Fall sieht es schon anders aus. Wenn doch nicht dieser Termin heute Nachmittag wäre! Dann könntest du dich wenigstens noch auf einen gemütlichen Feierabend freuen. Schon am Morgen hast du einen gewissen Druck gespürt. Am liebsten wärst du heute im Bett geblieben, weshalb es dir auch schwer gefallen ist zu entscheiden, was du anziehen sollst. Später erst merkst du, dass dein Pullover Flecken hat. Auch das noch! In der Einrichtung überrollt dich dann das Chaos.

Wieso muss Tim auch immer seinen Hausschuh verbummeln? Und wieso bleibt es mal wieder an dir hängen, ihn zu suchen?

Bleibe achtsam, wenn sich über dir mal wieder etwas zusammenbraut.

Als Emmis Tee sich über ihren Teller ergießt und auf den Fußboden tropft, stellst du fest, dass keine Handtücher im Schrank sind. Flos Mutter macht hüstelnd auf sich aufmerksam und steht im Türrahmen. Du ringst dir ein Lächeln ab, doch innerlich kochst du. Du schaust auf die Uhr und fragst dich, wann deine Kollegin gedenkt, ihre Pause zu beenden. Weil du selbst sehr aufgewühlt bist, gelingt es dir nicht auf Anhieb, den Streit zwischen Ben und Maren ruhig zu moderieren. Ein Gefühl der Ohnmacht beschleicht dich. Was ist das doch nur für ein chaotischer Tag! Da fällt dir ein, dass du Paul ja noch wickeln wolltest. Das soll bitteschön deine Kollegin übernehmen! Doch du fühlst dich nicht wohl bei dem Gedanken.

Wirf mal einen Blick durch die rosa Brille: Das Leben ist schön!

Eine Frage der Perspektive

Zweimal dieselbe Situation, jedoch verschiedene Voraussetzungen: Aufgrund deiner Bewertungen entscheidest du dich, vollkommen unterschiedlich zu handeln. Schaust du durch eine „rosa Brille“ auf dein Leben, geht dir alles leicht von der Hand und du erlebst, dass du einen positiven Einfluss auf deine Umwelt hast. Schaust du durch die „graue Brille“, fällt dir vieles schwerer, da Gefühle von Stress, Frustration, Ärger oder sogar Ohnmacht dein Denken beeinflussen und die Angst zu versagen sich in dir ausbreitet.

Doch was kannst du tun, wenn die „rosa Brille“ gerade nicht zur Hand ist? Dein Leben verläuft nun mal nicht immer gradlinig und einfach. Ständig musst du Pläne verwerfen und neue Pläne entwerfen. Du sollst flexibel sein, aber dennoch beständig und zuverlässig; aufgeweckt, kreativ, verspielt, daneben ernst und in dir selbst ruhend; teamfähig und gleichzeitig selbstbewusst und selbstständig.

Achtsamkeit zeigt dir den Weg in deine Mitte.

Achtsamkeit kann dich lehren zu erkennen, welche Denk-, Gefühls- und Verhaltensmuster in dir wirksam sind. Sie kann dich dabei unterstützen, diese anzunehmen, um dann zu entscheiden, was losgelassen werden soll.

Sei achtsam und vertraue dir selbst. Das bringt dich in Balance.

Achtsamkeit bedeutet, achtsam zu sein mit dem, was *jetzt* ist. Sie beinhaltet das Erleben mit allen fünf Sinnen ohne zu bewerten. Kurz gesagt:

Achtsamkeit ist reines Beobachten:
Ich achte darauf, was ich sehe.
Ich achte darauf, was ich höre.
Ich achte darauf,, was ich fühle oder empfinde.
Ich achte darauf, was ich rieche.
Ich achte darauf, was ich schmecke.

Achtsames Beobachten bedeutet, in diesem Augenblick nur zu sehen, zu hören, zu fühlen und empfinden, zu riechen und zu schmecken, ohne irgendetwas weiter damit zu tun. Es enthebt dich deiner bisher typischen Reaktionen und befreit dich von belastenden Gedanken und Gefühlen.

Indem du achtsam wahrnimmst, was in dir und um dich herum geschieht, kannst du erkennen, was dich aus dem Gleichgewicht bringt und was dich stattdessen stärkt und dich somit in deine Mitte führt.

Deine Mitte ist der Ort der Kraft und der Ruhe in deinem Inneren.

Sicherlich kennst du den Ausspruch: „In der Ruhe liegt die Kraft." Viele Male hast du ruhige Momente erlebt, die dir Kraft spendeten: einen Sonnenuntergang beobachten, am Lagerfeuer sitzen, ein Sonnenbad nehmen, einen Moment am Meer bewusst wahrnehmen, den Ausblick von einem Berg genießen. Fernab vom Alltag erlebst du diesen Moment mit all deinen Sinnen und eine wohlige Ruhe erfüllt dich.

Achtsamkeit zeigt dir den Weg in deine Mitte, wann immer du das möchtest. Neugierig? Dann lade ich dich ein, jetzt eine kleine Übung zu machen.

Übung: Beobachten ohne zu bewerten

Schau von diesem Buch auf.

Was siehst du um dich herum? Welche Geräusche nimmst du wahr? Kannst du deinen Atem hören? Hörst du Autogeräusche von draußen?

Was empfindest du? Wärme, Kälte? Spürst du deine Füße? Deinen Atem? Was fühlst du? Ruhe oder Unruhe? Oder ist da noch ein anderes Gefühl in dir lebendig? Wo sitzt es in deinem Körper?

Was riechst du? Was schmeckst du?

Bewerte nicht, sondern beobachte nur.

Heiße alles willkommen, was da ist.

Reines Beobachten befreit dich davon, etwas tun zu müssen, eine Entscheidung zu fällen und etwas verändern zu müssen. Es ist wie es ist. Du beobachtest.

In der Praxis der Achtsamkeit bist du zunächst nur Beobachter. Das heißt nicht, dass du nie wieder Entscheidungen treffen und dann in die Handlung kommen wirst. Doch durch achtsames Beobachten bekommst du einen Abstand zur jeweiligen Situation, was deine Reaktionen positiv beeinflusst.

Achtsamkeit ermöglicht es dir, dich selbst besser zu verstehen:
Was hemmt mich?
Was treibt mich an?
Warum reagiere ich immer in ähnlicher Weise in bestimmten Situationen?
Was brauche ich, um dies nach meinen Wünschen zu verändern?
Was will ich wirklich?

Gehe jeden Schritt bewusst. Einen nach dem anderen.

Dies sind Fragen, welche du dir mithilfe der Achtsamkeit mit zunehmender Übung beantworten kannst. Durch achtsames Beobachten stellen sich die Fragen ganz von allein.

Achtsamkeit lässt dich jeden Moment neu und frisch erleben.

Doch wofür kann es nützlich sein, Antworten auf diese Fragen zu finden und Momente aus einem neuen Blickwinkel zu betrachten? Mach dazu folgende Übung.

Übung: Kopfkino: Aus der Distanz betrachten

Du sitzt im Kino und siehst dir einen Film an. Der Film heißt: „Mein Tag in der Kita“. Du bist entspannt, während du dir den Film anschaust, denn du weißt, dass es sich nur um einen Film handelt. Dieser Film beschreibt einen deiner ganz normalen Arbeitsalltage in der Kita.

Der Film beginnt morgens. Du siehst und hörst, wie der Wecker klingelt und wie du darauf reagierst. Bist du eher der Morgenmuffel, steigst du möglicherweise in eine morgendliche – zugegeben recht einseitige – Diskussion mit deinem Wecker ein. Bist du ein Frühaufsteher, schwingst du eventuell voller Elan deine Beine aus dem Bett. Vielleicht aber funktionierst du auch nur, stellst den Wecker aus und stehst ohne jegliche emotionale Reaktion auf.

Im Bad geht es weiter mit der Morgentoilette. Erledigst du sie zügig oder bummelst du gern dabei? Nach welchen Kriterien wählst du anschließend deine Kleidung aus? Soll sie nur zweckmäßig sein, oder legst du auf etwas besonderen Wert?

Frühstückst du gut und vielseitig mit Müsli, Obst und Milchprodukten? Oder bekommst du gar keinen Bissen hinunter am frühen Morgen?

Fährst du rechtzeitig zur Arbeit oder kommst du abgehetzt an der Kita an? Es ist dein Film. Der Film geht weiter und zeigt, wie du dich, in der Kita angekommen, dort einrichtest. Gibt es wiederkehrende Rituale, wie Absprachen, Listen, Termine, um dich auf den Tag vorzubereiten?

Beginnt dein Tag in der Kita ruhig oder hektisch? Und wenn du das unterschiedlich wahrnimmst, woran könnte das liegen? Gibt es Sympathien für bestimmte Personen und Arbeitsabläufe oder gibt es Abneigungen?

Mach dir bewusst, dass du immer noch im Kino sitzt und jetzt deinen Film ansiehst.

Was ist der chaotischste Moment an diesem Tag? Stell dir die Situation in allen Einzelheiten vor. Was fehlt dir in diesem Moment?

Was ist der ruhigste Moment an diesem Tag? Sieh jedes Detail. Woran merkst du, dass dieser Moment ruhig ist und was macht er mit dir?

Was läuft bei dir routiniert ab? Wobei bist du unsicher?

Diese Fragen sollen dich nur darin unterstützen, dir deinen Film „Mein Tag in der Kita" leichter vorstellen zu können.

Beobachte, wie dein Tag in der Kita weiter verläuft, ob etwas Besonderes vorfällt und wie du den Rest deines Tages und deinen Feierabend gestaltest.

Ist dein Film ein Drama, eine Komödie, ein Actionfilm oder einfach nur ein Dokumentarfilm? Oder hat er von jedem Genre etwas?

Indem du im Nachhinein auf Situationen bewusst schaust, hinterfragst du nochmals deine Motivationen und die der anderen. Es hilft dir, mit Abstand Momente zu betrachten und kann zu einem größeren Verständnis beitragen.

Das Revue passieren lassen deines Arbeitsalltags aus der Erinnerung verschafft dir Distanz und Klarheit.

Betrachte eine Situation mit etwas Abstand. So veränderst du den Blickwinkel.

Indem du Situationen nochmals bewusst und von außen betrachtet erinnerst, kann dir klar werden, welche Gefühle sie jetzt in dir auslösen.

Deine Gefühle beeinflussen deine Einstellung zur jeweiligen Situation und zu deiner Arbeit im Allgemeinen. Deine Einstellung spiegelt deine Bewertung wider. Deine Bewertung bestimmt deine Entscheidungen. Das heißt, dass du aufgrund deiner Gefühle, deiner Einstellungen und Bewertungen dich für oder gegen etwas entscheidest.

Achtsamkeit ist Selbstwahrnehmung.

Selbstwahrnehmung lässt dich deine Gefühle, Motive und Motivationen im eigenen Verhalten erkennen. Nimm einmal ganz bewusst wahr.

Übung: Gewohnheiten ändern – neue Erfahrungen machen

Mit welcher Hand führst du für gewöhnlich deine Kaffeetasse zum Mund? Benutze nun ganz bewusst die andere Hand. Frage dich dann: Wie fühlt sich das an?

Du kannst die Übung auch abwandeln, indem du morgens mit dem anderen Fuß zuerst aufstehst oder Rituale in der Kita veränderst. Wähle zum Beispiel einen anderen Platz beim Frühstück oder im Stuhlkreis.

Kurz und gut: Durchbrich eine feste Gewohnheit. Überrasch dich selbst und andere.

Manches wird sich falsch anfühlen. Aber manches wird sich auch einfach nur anders anfühlen. Bist du bereit für das „andere" Gefühl, öffnet sich in dir etwas: eine Bereitschaft für neues Erleben.

Das Bild, welches du von dir hast, ist auf keinen Fall in Stein gemeißelt. Du bist flexibel, entwicklungsfähig und wandelbar. Nicht nur das Leben ist ein Abenteuer. Auch du bist es. Gewohnheiten müssen nicht ein Leben lang anhalten. Zumal es welche gibt, die eher hinderlich als dienlich sind. Je eng gefasster deine Gewohnheiten sind, umso mehr beschneiden sie dein Erleben und damit deine persönliche Freiheit.

Indem du spielerisch Routine veränderst, bleibst du wach und aufmerksam. Du fügst deiner Arbeit mehr Leichtigkeit hinzu und bleibst offen für neue Sichtweisen.

Jeder Augenblick ist wie er ist – bewerte nicht, sondern nimm wahr!

ACHTSAMKEIT IST DIREKTES ERLEBEN

Du hast dich im Beobachten von dem was ist und von Zusammenhängen geübt. Gehe nun dazu über, dein Erleben intensiver werden zu lassen. Achtsamkeit kann dir dabei helfen. Denn sie kann dich von deiner Bewertung befreien und somit in die Leichtigkeit führen.

Kennst du dieses Gefühl, nur noch zu funktionieren? Abgehetzt und missmutig werden im Fall des reinen Funktionierens Aufgaben bewältigt. Die Freude hat sich auf ein Minimum reduziert, und jeder Satz in deinem Denken beginnt mit „Ich soll“ und „Ich muss“. Dann ist alles wirklich sehr anstrengend!

Achtsamkeit schafft kleine Inseln im Alltag, auf denen du Zeit hast, um ganz im Hier und Jetzt zu sein.

Solche Momente zeichnen sich dadurch aus, dass sie von deinem Denken überschattet werden. Du bist nicht zufrieden mit dem was ist, stattdessen wünschst du dir, die Aufgabe schon erledigt zu haben oder – noch schlimmer – den Tag hinter dich gebracht zu haben. Das heißt, du wärst bereit, wertvolle Lebenszeit einfach so zu verschenken, nur um dem Moment zu entfliehen.

Das Denken beschäftigt sich mit der Vergangenheit – mit gestellten Aufgaben, Problemsituationen, Erwartungen der anderen, Erfahrungen mit Kindern, Eltern und Kollegen – und mit der Zukunft – mit Lösungssuche für Probleme, Projektplanungen, eigene Erwartungen und Wünsche oder Befürchtungen.

Nur wer sich ganz dem Augenblick hinzugeben versteht, mag etwas hervorbringen, das keine Zeit zerstört.

Arthur Schopenhauer

Oder hast du einmal erlebt, dass dein Verstand den gegenwärtigen Moment moderiert? Das würde sich dann so anhören:

„Ich atme ein und atme aus, während ich jetzt den blauen Stift in meine Hand nehme und ihn auf dem Papier ansetze. Gleichzeitig höre ich die Autogeräusche von draußen und das Klingeln des Telefons im Büro. Die Temperatur im Raum beträgt etwa 21 °C. Ich sehe, dass Lina von links an den Tisch kommt, während ich die Lehne des Stuhls in meinem Rücken fühle.“

Was genau siehst du im Augenblick? Was nimmst du wahr? Einen Stift? Ein Blatt Papier?

Witzig, nicht wahr? Aber wäre das so absurd? Nur das, was gerade tatsächlich geschieht, kann von dir direkt erlebt werden. Eine kleine Übung in den nächsten zwei Minuten kann dir das näher veranschaulichen.

Übung: Den Moment bewusst erleben

Schau von diesem Buch hoch und atme ein und aus.

Wo sitzt du gerade jetzt und was kannst du dabei spüren? Vielleicht die Sessellehne im Rücken, eine Wolldecke auf den Beinen, ein Kissen unter dem Kopf?

Bist du wach oder müde?

Wie ist die Raumtemperatur?

Kannst du etwas riechen? Vielleicht Kaffeeduft, Blumen, Parfüm?

Was schmeckst du? Süß, bitter, sauer, mild?

Was siehst du?

Atme zwischen den einzelnen Fragen bewusst ein und aus und fahre erst fort, nachdem du deinen Atem wirklich wahrgenommen hast.

Wenn du diese Übung aufmerksam und achtsam durchgeführt hast, ist dir sicherlich auch nicht ihre entspannende Wirkung entgangen. Das liegt daran, dass direktes Erleben frei von Bewertung ist.

Ein Wassertropfen: Was bedeutet er für dich? Lästiger Regen oder Erfrischung und Klarheit?

Im Allgemeinen lässt der Verstand nichts unkommentiert. Ständig muss er zu allem etwas sagen. Er jammert, meckert, kritisiert, befürchtet und kontrolliert.

Direktes Erleben ist frei von Bewertung und damit frei von Widerstand gegenüber dem, was ist.

Ein Beispiel aus dem Alltag

Du gehst aus dem Haus, und es beginnt zu regnen. Falls du nicht damit gerechnet hast, kommt dir dies möglicherweise ungelegen. „Was für ein Ärger, jetzt habe ich den Schirm vergessen“, denkst du vielleicht.

Aber nicht nur das Wetter oder Dinge von außen, die du nicht ändern kannst, ärgern dich. Es gibt gelegentlich Augenblicke, da regst du dich über die Hektik, den Ordnungssinn, die Nachlässigkeit, die Unzuverlässigkeit, die Gefühlsausbrüche, die Gewohnheiten, die Gleichgültigkeit, die Vorlieben – kurz und gut, die kleinen und großen Auffälligkeiten deiner Mitmenschen auf.

Ist dir bewusst, dass du dich in solchen Momenten im Widerstand befindest mit dem, was gerade geschieht?
Dieser Widerstand hindert dich daran, den Moment so zu erleben, wie er tatsächlich ist – nämlich perfekt.

Lass zu, was ist. Jeder Augenblick ist perfekt!

Widerstand entsteht durch Kritik am Erleben. Kritik wiederum hat ihren Ursprung in der Gewohnheit des Verstandes, der alles mit Erinnerungen aus der Vergangenheit und Vorstellungen für die Zukunft abgleichen will.

Der Verstand will dir einreden, dass es anders oder besser sein müsste.

Natürlich gibt es Situationen, in denen der Verstand zu Recht ein Veto einlegt. Das können Ungerechtigkeiten sein, gefährliche Situationen oder körperliches Unwohlsein. In solchen Momenten hast du nur drei Möglichkeiten:

1. *Du änderst die Situation.*
2. *Du verlässt die Situation.*
3. *Du akzeptierst die Situation.*

Das heißt, dass du dich in einem solchen Fall für eine der drei Möglichkeiten entscheidest.

In den allermeisten Fällen dreht es sich um die kleinen Widrigkeiten des Alltags, also nicht um lebensbedrohende Momente. Jemand hat schlechte Laune, deine Arbeit findet nicht die Anerkennung, die du dir erhofft hast, eine Absprache wurde nicht eingehalten, du bist übermüdet, die Frisur sitzt nicht so, wie sie sollte, es wird hinter deinem Rücken getuschelt, ein Kind ist krank, eine Mutter ist unfreundlich zu dir …

Die zuletzt genannten Beispiele umschreiben Situationen, die dir täglich widerfahren können und die du zumeist nicht ändern kannst und auch nicht unbedingt ändern musst. Doch wie kann es dir gelingen, diese zu akzeptieren und was genau soll dir das bringen? Ein Perspektivwechsel kann da sehr hilfreich sein.

Deinen Tag „von oben" betrachten

Stell dir vor, du hättest einen inneren Hochstand wie ein Förster im Wald, der von seiner erhöhten Position aus das Wild beobachtet. Du würdest dich also innerlich in deiner Vorstellung dorthin begeben, um Abstand von der aktuellen Situation zu bekommen.

Sieh dir deinen Tag einmal „von oben" an. Aus einem anderen Blickwinkel erscheint vieles ganz anders.

Du weißt, dass du dich nicht mehr unmittelbar im Geschehen befindest, sobald du von deiner höheren Warte aus hinunterschaust. Also musst du auch nicht mehr sofort reagieren, wie du es üblicherweise tust. Zusammenhänge und Ursachen für die Situation erschließen sich dir auf diese Weise leichter, und du nimmst nicht alles sofort persönlich.

Mach dich auf Schatzsuche – und freue dich darüber, was du dabei alles findest!

Beispielsweise erkennst du, wenn Frau Müller zu dir unfreundlich war, dass sie generell gerade einen „schlechten" Tag hat. Oder dir wird, nachdem du zum wiederholten Male das Besprechungszimmer für eine Teamsitzung vorbereiten solltest, bewusst, dass Kollegin A und Kollege F andere Arbeiten wiederholt übernommen haben, ohne sich zu beschweren. Oder du entdeckst, dass du manchmal gelangweilt bist, doch während turbulenter Arbeitstage wünschst du dir gerade diese Langeweile zurück.

Was ist das Problem?

Der Verstand suggeriert dir, dass eine Situation so, wie sie ist, nicht perfekt ist. Es könnte doch besser sein. Es müsste anders sein. Der Verstand ist nie zufrieden. Das liegt daran, dass der Verstand die Gegenwart ständig mit der Vergangenheit und der Zukunft abgleicht. Er bezieht sich auf seine Erfahrungen und sein Wissen. Er vergleicht momentane Situationen mit vergangenen oder zukünftigen Situationen oder Wünschen und bewertet sie dementsprechend. Denn es ist die Aufgabe des Verstandes, in allem ein Problem zu sehen.

Trau dir zu, den Berg zu bezwingen, der vor dir liegt.

In uralter Zeit sollte uns diese Form der Kognition davor retten, von wilden Tieren gefressen zu werden. Wurde ein Lebewesen als bedrohlich eingestuft, schaltete das menschliche Gehirn in den Kampf- oder Fluchtmodus – je nach Einschätzung der Situation. Zwar kämpfst du nicht gegen wilde Tiere, doch es gibt einen Kampf gegen die Uhr, um Anerkennung, um Qualifizierung und Perfektionierung.

Immer scheint es einen „Feind" zu geben, den du bekämpfen oder besänftigen musst. Puh, was für ein Druck!

Ständig macht dir das Leben einen Strich durch die Rechnung:

- Sorgfältig planst du einen Ausflug mit deiner Gruppe und die Hälfte der Kinder und die meisten deiner Begleitpersonen erkranken. Oder es gießt aus vollen Eimern.
- Du willst mit den Kindern singen und bist heiser.
- Eigentlich wollte deine Kollegin mit einer Mutter über das auffällige Verhalten eines Kindes sprechen, doch da sie fehlt, musst du diese unliebsame Aufgabe übernehmen.
- Du willst heute pünktlich Schluss machen, doch ein Gespräch kurz vor Feierabend kommt dir dazwischen.

Unvorhergesehenes geschieht. Da heißt es, flexibel und entspannt zu reagieren. Doch wie kann das gelingen, wenn generell viele Aufgaben erfüllt werden müssen? Zunächst einmal mach dir bewusst, dass du ein für dich typisches Reaktionsmuster hast, welches deine Gedanken, Gefühle und dein Verhalten betrifft.

Freu dich über eine schillernde Seifenblase, statt über ihr Zerplatzen nachzugrübeln.

Das Reaktionsmuster hängt von deiner Erziehung, deinen Genen und deinen Erfahrungen ab. Du kannst jede deiner Handlungen und Entscheidungen untersuchen und wirst feststellen müssen, dass sie von einem äußeren oder auch inneren Einfluss bedingt wurden.

Achtsamkeit hilft dir dabei, Dinge abzuwägen und dabei im Gleichgewicht zu bleiben.

Du bist nicht wirklich frei in der Wahl deiner Handlungen und Entscheidungen. Das merkst du etwa dann, wenn du „ja“ sagst und „nein“ meinst. Dein Verstand sagt möglicherweise: „Das lässt du deiner Kollegin kein zweites Mal durchgehen.“ Sie schaut dich mit flehenden Augen an, und du hörst dich „ja“ sagen, bevor du wirklich wahrgenommen hast, was geschieht.

Jetzt kommt die frohe Botschaft: Es gibt Hoffnung!

Ist es dir schon einmal passiert, dass du anfängst, dich nach einer unerwünschten Reaktion selbst zu kritisieren? Du denkst vielleicht: „Jetzt bin ich schon wieder auf ihre Unschuldsmiene hereingefallen. Ich habe einfach kein Rückgrat. Was habe ich mir da wieder eingebrockt?“

Dein innerer Kritiker wird aktiv. Er spricht als mahnende Gedanken zu dir und ähnelt in seiner Wortwahl sehr stark den Menschen, die dich in der Vergangenheit ständig bewertet und kritisiert haben: Eltern, Erzieher, Lehrer.

Lerne deine Mechanismen kennen, die dich antreiben und hab Geduld mit dir selbst.

Du kannst diese Gedanken nicht sofort abstellen, doch du kannst beginnen zu beobachten, dass sie da sind und sich zeigen. Indem du beobachtest, was geschieht, lernst du die Mechanismen des Geschehens erkennen und verstehen.

Mit dem Geschehen meine ich nicht nur das äußere Geschehen (die Unschuldsmiene deiner Kollegin), sondern auch dein inneres Geschehen: Gefühle wie Mitleid, Wunsch nach Anerkennung oder Schuldgefühle.

Du siehst, welche Knöpfe deine Kollegin bei dir drückt, um eine für sie wünschenswerte Reaktion bei dir zu erreichen. Wobei dir das wahrscheinlich sowieso schon klar ist, denn die meisten Menschen kennen ihre Beweggründe oft schon sehr genau. Was sie jedoch abhält, ihr Verhalten zu verändern, ist meist das schlechte Gewissen, das der innere Kritiker ihnen versucht einzureden.

Ein schlechtes Gewissen führt sehr oft zu Verdrängung.

Das schlechte Gewissen kann dir das Gefühl vermitteln, versagt zu haben oder schwach zu sein. Doch wer gibt schon gern zu, schwach zu sein. Jeder will doch taff und selbstbewusst sein, so dass Verdrängung in Form von Rechtfertigung eine nicht seltene Reaktion auf das schlechte Gewissen ist.

Du willst jetzt endlich wissen, was die hoffnungsvolle Botschaft ist? Es ist *Unvoreingenommenheit.*

Beobachte, was geschieht, ohne zu bewerten.

Unvoreingenommenheit verleiht dem Augenblick die Leichtigkeit eines Flügelschlags.

Ein Beispiel aus dem Kita-Alltag

Du bist gerade in der Bauecke und unterstützt Mustafa, Carina und Tobias dabei, die Bausteine zu sortieren, während du ein Ziehen im Nacken spürst. Deine Kollegin Svenja läuft schon den ganzen Vormittag mit herunterhängenden Mundwinkeln durch die Gruppenräume und murmelt ständig etwas von Überforderung und Übermüdung. Als ihr einen Moment zum Reden habt, schaut sie dich mit hilfesuchendem Blick an. Du weißt, was sie dich fragen will. Obwohl du dir beim letzten Mal geschworen hast, nicht mehr leichtfertig Zusagen zu machen, gehst du auf ihre Bitte ein. „Ja, okay, ich mache es für dich", hörst du dich sagen. Kaum hast du es ausgesprochen, spürst du dieses Unwohlsein in der Magengegend – wie immer, wenn du dich falsch entschieden hast. Du hörst deinen inneren Kritiker sagen: „Wie kann man nur so dumm sein?" Jetzt fühlst du dich auch noch wie ein Versager: klein, schwach und ohnmächtig.

Jetzt kommt die Unvoreingenommenheit ins Spiel:
Ja, du hast dich dazu hinreißen lassen, „ja" zu sagen.

Ja, du hast ein schlechtes Gewissen deswegen.
Ja, du würdest gern alles wieder rückgängig machen und ja, du weißt im Moment noch nicht, wie.

Ich habe den Mut, genau hinzuschauen. Vielleicht entdecke ich dabei das bisher Ungeahnte.

Wenn du jetzt ganz genau hinsiehst, wirst du nicht umhin kommen, ehrlich mit dir selbst zu sein. Wahrscheinlich weißt du, wie du dein „ja" in ein „nein" nachträglich umwandeln kannst. Doch wohlmöglich fehlt dir der Mut dazu. Schau nicht weg, sondern nimm wahr, wenn es so ist.

Unvoreingenommenheit bedeutet, auf die üblichen Kommentare des Verstandes zu verzichten.

Oder dir fällt ein, dass du deiner Kollegin am nächsten Tag mitteilen wirst, dass du dich in Zukunft nicht mehr überrumpeln lassen willst. Oder du schlägst ihr einen Ausgleich vor. Oder du denkst: „Was soll's, sie hat im Moment so viele Sorgen, da ist es doch gut, wenn ich ihr etwas abnehmen kann."

Unvoreingenommenheit schafft Leichtigkeit!

Erinnere dich: Was fasziniert dich, täglich mit Kindern zusammen zu sein? Ist es nicht auch ihre Unvoreingenommenheit?

Unschuldig sprechen sie aus, was in ihnen lebendig ist. Sie gehen auf andere zu – unabhängig von Hautfarbe, Rasse, Religion, Vorlieben und Abneigungen. Sie haben noch kein Schubladendenken und achten noch mehr auf ihr Bauchgefühl. Sympathie und Antipathie werden bei ihnen hauptsächlich durch das Gefühl statt durch äußere Bewertungen entschieden.

Kinder entdecken die Welt – nicht weil sie gut oder schlecht ist, sondern weil sie ist.

Willst du mehr Leichtigkeit erfahren, trainiere deine Unvoreingenommenheit.

Übung: Unvoreingenommenheit üben

Stell dir vor, du gehst morgen zum ersten Mal in die Kita. Du lernst deine Kollegen, Kolleginnen, die Eltern und Kinder neu kennen. Statt von vornherein nach Unterschieden Ausschau zu halten, richtest du dein Augenmerk auf Gemeinsamkeiten. Egal wie klein sie sind, finde welche.

Unvoreingenommenheit bedeutet, nicht voreingenommen zu sein und keine Argumente gegen jemand zu sammeln. Hilfreich wäre die Frage: Was gefällt mir an diesem Menschen? Finde etwas, und wenn es nur der Pullover ist.

Gelingt dir dies, wirst du feststellen, dass dein Erleben mehr geprägt ist von Leichtigkeit und Freude.

Für diese Feststellung nimm dir am Abend einige Minuten Zeit und lass den Tag nochmal Revue passieren:

- Was war heute anders als an den Tagen zuvor?
- Wie habe ich mich heute gefühlt?
- Wo fällt es mir noch schwer, eine Gemeinsamkeit zu sehen?

Je häufiger du diese Übung im Alltag anwendest, umso bewusster wird dir, was du fühlst und damit auch, was dich antreibt oder hemmt.

ACHTSAMKEIT IST FÜHLEN

Du hast geübt, achtsam zu beobachten
und Situationen unvoreingenommen zu erleben.
Nun wirfst du einen Blick auf deine Gefühle.
Schau dir an, was dich antreibt oder dich hemmt.
So kannst du nach und nach akzeptieren,
was du nicht ändern kannst.

Tausende Gedanken gehen dir täglich durch den Kopf. Sie drängen dich, das eine zu tun oder das andere zu lassen.
Sie bringen dich ins Grübeln, zum Planen, zum Zweifeln, zum Ablenken und zum Abwägen. Doch Gedanken sagen nichts über deinen Ist-Zustand aus. Erst wenn du in dich hineinfühlst, kannst du feststellen, was dich wirklich bewegt. Es sind deine Gefühle, die letztlich deine Entscheidungen beeinflussen.

Auch wenn du denkst: „Ich sollte mit meiner Kollegin über dieses oder jenes Problem reden", wirst du es möglicherweise dennoch nicht tun, wenn du dabei ein ungutes Gefühl hast. Vielleicht fühlst du dich ohnmächtig, wenn du nur daran denkst, und eine bleierne Schwere ergreift von dir Besitz.

Mach dich frei von dem, was dich belastet. Achtsamkeit hilft dir dabei!

Oder du weißt, dass eine Arbeit für dich ansteht, die du nicht so gern machst wie andere Dinge, die du täglich mit Freude und Leichtigkeit erledigst. Wieder ist es ein Gefühl, das dich hemmt. Das können Abneigung, Langeweile, Überforderung oder auch einfach nur Müdigkeit sein.

Es sind deine Gefühle, die letztlich deine Entscheidungen beeinflussen.

Vielfach drücken wir unsere Gefühle weg, weil die Vernunft über das Fühlen siegen soll. Vielleicht denkst du: „Ich muss unbedingt noch die Dokumentation schreiben, aber ich habe keine Lust dazu." Doch dann kommt dir der Gedanke: „Wenn ich das jetzt nicht fertigstelle, muss ich es morgen zusätzlich zu den anderen Aufgaben erledigen." Du drückst die Unlust weg, ohne dir darüber weitere Gedanken zu machen, woher sie kommt. Voller Frustration schreibst du die Dokumentation, doch der Vorgang zieht sich wie Kaugummi, und du hast das Gefühl, niemals damit fertig zu werden. Formulierungen fallen dir schwer, oder du lässt dich leicht von deinem Vorhaben durch Geräusche oder andere Beeinflussungen von außen ablenken, was dich wiederum noch mehr stresst.

Achtsamkeit schafft Entlastung, wenn wieder einmal besonders viel auf dich einströmt.

Zwar denkst du, dass der Gedanke „Ich muss das jetzt erledigen“ deine Entscheidung für die Tätigkeit bestimmt hat. Aber wenn du genau hinschaust, wird dir bewusst, dass es ein Gefühl war, welches dich dazu antrieb, z. B. die Angst vor Überforderung am nächsten Tag.

Stress kann zu Stressreaktionen des Körpers führen.

Angst ist ein schlechter Motivator, schürt sie doch unser Mangeldenken und unser Gefühl von Unzulänglichkeit. Tust du etwas aus Angst, erzeugt das in dir Stress. Eventuell spannst du die Schultern an, du atmest flach, runzelst die Stirn, beeilst dich in dem, was du tust und fühlst dich dadurch gehetzt. Dein Körper schüttet mehr Adrenalin aus, und der Blutdruck steigt.

Nicht selten führen kontinuierliche Stresssituationen zu körperlichen Reaktionen wie Stress, Rückenschmerzen oder Abgespanntheit.

Übung: Innehalten und Nachspüren

Atme ein und atme aus. Erlaube dir jetzt einen Moment der Ruhe. Spür den Rücken an der Lehne deines Sitzmöbels und die Füße auf dem Boden. Beobachte deinen Atem, wie er eintritt und wie er austritt. Wo im Körper kannst du ihn noch spüren?

Nimm die einsetzende Ruhe wahr. Du darfst jetzt entspannen. Lass mit einem tiefen Seufzer los. Lass deine Schultern einen Zentimeter sinken und entspann deine Gesichtszüge. Ah … das tut gut. Einatmen, ausatmen. Mehr gibt es jetzt nicht zu tun. Ein kleiner, aber feiner Moment der Ruhe. Ruhe. Einfach nur Ruhe.

Nun lass das Wort „Stress" in dir klingen. Welche Reaktionen kannst du in deinem Körper beobachten, wenn du nur das Wort „Stress" denkst? Welche Bilder, Sätze, Gefühle fallen dir dazu ein? Beobachte dich. Jetzt. Bist du noch genauso entspannt wie im Augenblick zuvor? Was macht Stress mit dir?

Und nun lass alle Gedanken dazu los. Lass alle Bilder dazu los. Lass alle Gefühle dazu los. Sag dir beim Einatmen: „Lass" und beim Ausatmen: „los". Einatmen – lass, ausatmen – los. Ruhe darf wieder einkehren. Einatmen – lass, ausatmen – los. Ruhe darf sich jetzt in dir ausbreiten. Ruhe. Ah … Ruhe darf sein. Entspannung darf sein. Jetzt.

Konntest du beobachten, was dir Angst bzw. Stress macht und wie dein Körper darauf reagiert? Je mehr du beobachtest, wann dein Körper auf diese Weise reagiert, kannst du lernen, dem entgegenzuwirken.

Achtsamkeit ist hier das Zauberwort.

Hörst und siehst du achtsam hin, was dich bewegt und wie es dich bewegt, gewinnst du Klarheit über deine Motive und Motivationen. Ein Motiv ist ein Grund für dein Verhalten und deine Reaktion. Eine Motivation zeigt einen Verhaltensprozess auf, der auf ein Ziel ausgerichtet ist.

Nimm dir Zeit, um ganz im Augenblick zu verweilen und wieder Klarheit zu gewinnen.

Achtsamkeit bringt dir Klarheit über deine Gefühle.

Ein Beispiel aus dem Kita-Alltag

Wechsle achtsam die Perspektive, um deine Motivation zu erkennen.

Motiv – Weil du dich ausgeschlossen fühlst, reagierst du gekränkt, wenn Kollegen hinter deinem Rücken tuscheln.

Motivation – Um integriert zu werden oder auch um Missverständnisse zu vermeiden, sprichst du solche Umstände bei deinen Kolleginnen offen an.

Die zuletzt genannte Motivation in unserem Beispiel wäre der Idealfall, da sie lösungsorientiert ist. Doch Achtsamkeit deckt auch zunächst ungeliebte Motivationen auf.

Bleiben wir doch beim oben genannten Beispiel: Eine andere Motivation könnte sein, dass du das Tuscheln der Kollegen bewusst ignorierst, weil du Angst vor zunehmender Ausgrenzung hast. Diese Motivation basiert also auf dem Gefühl der Angst und ist daher eher problemorientiert.

Fühle die Sonne auf deiner Haut, spüre den Luftzug. Verschaffe dir Klarheit durch Achtsamkeit.

Hast du dieses Verhalten vonseiten deiner Kollegen nur ein einziges Mal während eines größeren Zeitraums beobachtet, stellt deine Verdrängung zunächst einmal kein weiteres Problem dar. Fällt dir jedoch immer wieder auf, dass du hier Verhalten verdrängst, ist es wichtig, dir Klarheit über deine Gefühle zu verschaffen.

Deine Motivation kann problem- oder lösungsorientiert sein.

Ist deine Motivation eher problemorientiert, fühlst du dich mit ihr nicht gut. Du wirst bemerken, dass du ängstlich, hilflos oder gestresst bist, dass du das Thema am liebsten ausklammern möchtest oder aber dass du dich als Opfer der Umstände empfindest und deshalb glaubst, nichts verändern zu können.

Ist deine Motivation lösungsorientiert, überlegst du dir, wie du aktiv die Umstände verändern kannst. Auch wenn sich die Situation für dich nicht gut anfühlt, besinnst du dich dennoch auf deine Stärken und setzt sie zur Veränderung der Situation ein, ohne dich von ihr entmutigen zu lassen.

Achtsamkeit kann dir dabei helfen, lösungsorientiert vorzugehen.

Achtsamkeit bedeutet, hinzuschauen was ist.

Du kannst dir voller Achtsamkeit Fragen stellen, die dir dabei helfen, eine Situation zu klären:

Wo fühle ich etwas in meinem Körper? Druck im Kopf, Ziehen im Bauch, einen Stein auf der Brust? Spür genau hin.

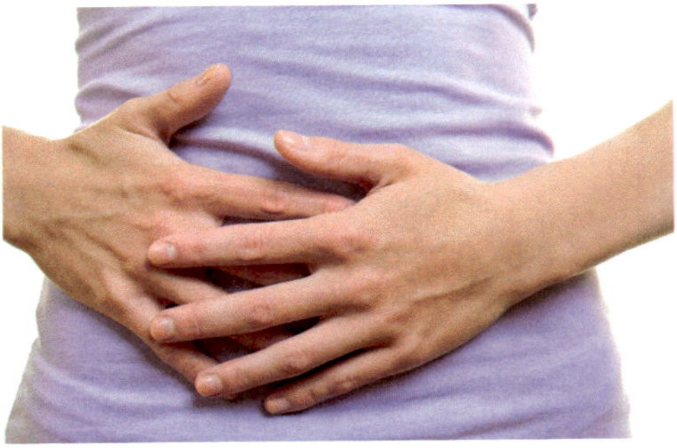

Spüre in dich hinein. Deine Gefühle haben einen Ort in deinem Körper, an dem sie sich zeigen.

Kann ich die Körperempfindung einem Gefühl zuordnen? Angst, Frustration, Sorge, Scham, Traurigkeit, Ärger, Wut, Freude, Begeisterung, Hingabe, Erleichterung. Es gibt unangenehme und angenehme Gefühle.

Bei einem Problem: Was habe ich erwartet und wodurch wurde meine Erwartung enttäuscht? Wie geht es mir mit der Enttäuschung, wie würde es mir ohne der Enttäuschung gehen?

Will ich wirklich glauben, dass der andere sich immer auf diese Weise mir gegenüber verhalten wird oder bin ich bereit, dieses Verhalten als einmaliges Geschehen zu sehen?

Was würde ich am liebsten im Sinne einer Lösung tun? Was könnte mich daran hindern, es zu tun?

Durch das Beantworten dieser Fragen kannst du Klarheit gewinnen. Klarheit bringt Ruhe und Verständnis in eine Situation.

Achtsamkeit stärkt dabei deine Unterscheidungskraft. Sie lehrt dich, festzustellen, was machbar ist und was du nicht ändern kannst.

Achtsamkeit hilft dir, in dir selbst zu ruhen. Das macht es leichter, unabänderliche Dinge zu akzeptieren.

Gibt es Situationen, die du verändern kannst, erfordert es Mut, die Veränderung herbeizuführen. Kannst du sie nicht ändern, braucht es deine Akzeptanz.

Was könnten Gegebenheiten sein, die du nicht ändern kannst? Dazu gehören z. B. das Temperament deiner Kollegin, zusätzliche Aufgaben durch Arbeitsausfälle, Veränderung des Arbeitsfeldes durch Baustellen in der Kita, unvorhersehbare Situationen wie Unfälle, Wasserschäden, Vertretungen oder allgemein anerkannte Vorgaben durch den Arbeitgeber.

Gelassen mit unveränderbaren Gegebenheiten umgehen

*Ich schaffe es!
Darauf vertraue ich und werde so meinen Weg finden.*

Wenn du weißt, dass du es sowieso nicht ändern kannst, dann beobachte, wie du zunächst darauf reagierst. Spürst du Widerstand in dir, mach ihn dir bewusst und lächle. Sag dir selbst: „Ich weiß zwar nicht, wie ich es schaffe. Doch ich weiß, dass ich es schaffe." Erlaube dir dann, dich zu entspannen. Vertrau darauf, dass es einen Weg mit dem zu leben gibt, was du nicht ändern kannst. Es ist nicht nötig, gegen Windmühlen zu kämpfen.

Fühl hinein, wie angenehm es sein kann, in der Akzeptanz zu sein und nicht kämpfen zu müssen. Die Situation ist, wie sie ist. Punkt. Dein Widerstand wäre hier vollkommen deplatziert. Also warum solltest du dich nicht gleich entspannen, um dann das Beste aus der Situation zu machen?

> **Glück entsteht oft durch Aufmerksamkeit in kleinen Dingen, Unglück oft durch Vernachlässigung kleiner Dinge.**
>
> *Wilhelm Busch*

Je mehr es dir gelingt, unnötigen Widerstand in dir aufzulösen, umso weniger lässt du dich von äußeren Gegebenheiten negativ beeinflussen. Du bleibst mehr bei dir und entdeckst, was deine Stärken sind.

ACHTSAMKEIT BEDEUTET, DU SELBST ZU SEIN

Übe dich weiter in Achtsamkeit.
Sie wird dir dabei helfen, authentisch zu sein.
Erkenne deine Stärken und Schwächen
und steh zu ihnen. Wo sind deine Grenzen?
Erkenne Überforderungen und habe den Mut,
um Hilfe zu bitten. Nutze deine Stärken.
Denn Achtsamkeit bedeutet Individualität
und Selbstwertschätzung.

Je mehr du durch Achtsamkeit darauf schaust, was und wie du in bestimmten Situationen empfindest, umso häufiger wird es dir gelingen festzustellen, wann du dich stark und wann du dich eher schwach fühlst.

Sicherlich besteht kein Handlungsbedarf in deinen starken Momenten. Allerdings kann dir dein achtsames Beobachten in solchen deutlich machen, wie du dich verhältst, wie du denkst und fühlst, wenn du dich stark fühlst. Beobachte genau, wie sich ein starkes Selbstvertrauen anfühlt. Wie siehst du aus, wenn du nur so vor Selbstbewusstsein strotzt? Welche Körperhaltung hast du, wie ist dein Gesichtsausdruck? Was nimmst du noch wahr? Ein Gefühl von Sicherheit, Vertrauen, Gelassenheit, Zufriedenheit, Ruhe?

Nimm wahr, wie sich das Bewusstsein anfühlt, dass du genau richtig bist.

Übung: Innehalten und vertrauen

Atme bewusst ein und aus. Lehn dich bequem zurück und erinnere dich, wann du zuletzt eine Aufgabe mit Freude und Hingabe gemeistert hast. Es muss nichts Außergewöhnliches gewesen sein. Jedoch war dein Vorgehen souverän. Du wusstest, was zu tun war, und es ging dir leicht von der Hand. Du musstest nicht darüber nachdenken, ob du es richtig machtest. Für dich war klar, dass es so, wie du es durchführtest, okay war.

Als du damit fertig warst, wundertest du dich wohlmöglich, wie schnell und problemlos es sich erledigt hatte. Von Anfang an warst du voller Vertrauen, dass es dir gelingen würde.

Schwelge noch etwas in dieser Erinnerung, und achte auf damit einhergehende Gefühle. Erlaube dir, dadurch zu entspannen.

Lass dich von Hindernissen nicht entmutigen. Vertraue auf deine Stärken!

Wenn du weißt, wie Stärke sich bei dir anfühlt und wie sie ausschaut, bekommst du auch eine Ahnung, wie es für dich in schwachen Momenten sein sollte. Schwache Momente sind Situationen, in denen du unsicher bist, dein Tun infrage stellst, fahrig oder gehetzt bist, dir die Stimme versagt oder dir einfach keine intelligente Antwort auf eine Frage einfällt.

Du fühlst dich schwach und unzulänglich. Du vergleichst dich mit anderen und stellst dabei fest, dass du schlechter als sie abschneidest. Da du in einem solchen Moment mehr mit deinen Gefühlen und Gedanken beschäftigt bist, die dich innerlich klein und unsicher werden lassen, wird es dir eventuell schwer fallen, achtsam zu sein. Das ist vollkommen normal.

Alte Glaubenssätze können zum Vorschein kommen, die in etwa so lauten: „Das schaffe ich nie“ oder „Keiner hört mir zu“ oder „Immer bin ich schuld“. Solche Sätze in deinem Kopf bewirken das sogenannte „Brett vor dem Kopf“. Du kannst nicht der Situation angemessen reagieren. Du merkst, dass etwas nicht stimmt, doch da du gerade nicht alles erfassen kannst, verstehst du nicht, warum du z. B. „ja“ sagst und „nein“ meinst.

Im Nachhinein betrachtet kannst du die Muster deines Handelns klarer erkennen.

Um Klarheit über dein Verhaltensmuster zu bekommen, ist es wichtig, eine Art Gefühlsinventur zu machen. Dafür ist es hilfreich, sich konkrete schwache Momente anzuschauen. Bist du bereit?

Übung: Achtsames Reflektieren

Wann hast du dich während deiner Arbeit in der Kita das letzte Mal so richtig unwohl in deiner Haut gefühlt? Fehlten dir während eines Gesprächs die richtigen Worte? Konntest du dich nicht mit einer Idee bei deinen Kollegen durchsetzen? Warst du unsicher in der Vorbereitung eines Projekts?

Welche Gedanken gingen dir durch den Kopf? Gab es einen Satz, den du noch aus deiner Kindheit kennst, z. B. „Das schaffst du nie“? Wie war das Gefühl dazu? Ohnmacht, Angst, Unsicherheit, Frustration? Wo in deinem Körper konntest du das Gefühl wahrnehmen? Vielleicht saß die Angst als Stein in deinem Magen oder als Kloß in deinem Hals?

Konntest du auch feststellen, dass es einen Widerstand in dir gab, der dieses Gefühl und diese Gedanken abwehren wollte? Wolltest du selbstbewusst wirken und einer Kollegin deine eigentliche Unsicherheit nicht anmerken lassen?

Entspann dich. Du brauchst jetzt für niemanden Theater zu spielen. Fühl hinein, wie gut es tut, sich selbst eingestehen zu dürfen:
Ja, ich war unsicher.
Ja, mir war schlecht vor Angst.
Ja, ich habe vor Ohnmacht oder Wut gezittert.

Herzlich willkommen auf der Erde. Du bist ein Mensch. Also entspann dich mit deinem Gefühl, mit deiner Unzulänglichkeit, mit deinen Gedanken.

Sag dir selbst: „Ich habe mich in der Situation vielleicht unsicher gefühlt – und das darf sein. Es war nun mal so, und im Nachhinein kann ich es nicht ändern. Ich bin bereit zu akzeptieren, was ich nicht ändern kann. Doch ich kann mir vorstellen, wie ich es gerne gehabt hätte."

Akzeptanz hilft dir, den Widerstand gegen das, was geschehen ist, aufzulösen. Widerstand verhindert, dass du den nächsten Schritt machen kannst. Ohne diesen Widerstand bist du bereit und offen, dich weiterzuentwickeln.

Bevor du dir nun vorstellst, wie es optimal gelaufen wäre, beantworte dir selbst die Fragen:

Pflege das Pflänzchen „Erkenntnis" – Achtsamkeit ist der Dünger dafür.

Was hätte ich in der Situation gebraucht?
Welche Ressourcen, welches Wissen und welche Unterstützung wären hilfreich gewesen?

Hast du darüber Klarheit, kannst du dir vorstellen, wie die Situation abgelaufen wäre, wenn du diese Ressourcen, das Wissen und die Unterstützung zur Verfügung gehabt hättest. Sicherlich sind deine Gefühle und Bilder jetzt ganz anderer Natur, als du sie zuvor erlebt hast.

Je häufiger du unerfreuliche Situationen auf diese Weise im Nachhinein durchspielst, umso leichter erkennst du dein eigenes Verhaltensmuster.

Du lernst, wie du gefühlsmäßig reagierst und welche Konsequenzen du daraus mit deinem Verhalten ziehst. Mit Abstand betrachtet spürst du deine Stärken und Grenzen auf.

Deine Stärken geben dir Selbstvertrauen. Je mehr du registrierst, dass du Stärken hast und vor allem *welche* Stärken du hast, umso mehr wirst du sie für deine Interessen und Bedürfnisse einsetzen wollen. Denn das bewusste Wahrnehmen deiner Ressourcen macht dich mutiger.
Je mutiger du wirst, umso leichter fällt es, dir deine Grenzen einzugestehen. Bist du bereit, dir deine Grenzen anzuschauen, bekommst du immer mehr Klarheit darüber, welche Hilfe du suchen und annehmen solltest und was du zusammen mit dieser Hilfe verändern kannst.

Such dir Wegbegleiter. Du musst nicht jeden beschwerlichen Weg alleine gehen.

Die meisten Grenzen sind Meilensteine auf dem Entwicklungspfad.

Jedes Problem birgt in sich unzählige Lösungen. Nur weil du eine Lösung nicht sofort erkennen kannst, heißt es nicht, dass sie nicht existiert. Wenn das Leben dich vor eine Herausforderung stellt, dann bewahre dir vor allem eine offene Haltung. Sag dir selbst: „Ich weiß zwar noch nicht, wie ich damit umgehen kann. Doch ich weiß, dass es dafür eine Lösung gibt. Darauf vertraue ich jetzt."

Mit dieser Haltung achtest du mehr und mehr darauf, was für dich möglich ist, anstatt daran zu verzweifeln, was dich ständig hemmt.

Offenheit gewährt dir den Blick aus der Adlerperspektive und lässt dich achtsam sein für das, was ist.

Wenn du offen bleibst, fällt dir sicherlich auch auf, dass es Kollegen und Kolleginnen gibt, die gelegentlich um Hilfe bitten, wenn sie nicht weiter wissen. Selbstvertrauen zu haben, bedeutet nicht, alles allein regeln zu müssen. Ein Mensch mit Selbstvertrauen vertraut nicht nur darauf, dass er ihm unbekannte Situationen irgendwie meistert, sondern auch darauf, dass Hilfe da ist, wenn er sie braucht. Er zögert nicht lange um Hilfe zu bitten, sobald er merkt, dass er ein Problem nicht allein lösen kann.

Übung: Achtsam wahrnehmen

Beobachte deine Mitmenschen eine Woche lang und stell fest, wer wann wo und warum um Hilfe bittet. Stell dir jedes Mal, wenn es dir auffällt, die Frage: „Hätte ich in dieser Situation den Mut gehabt zu fragen oder hätte ich sogar selbst die Lösung herbeiführen können? Wenn ich mich nicht getraut hätte, nach Unterstützung zu fragen, was hätte mich zurückgehalten?"

Auf diese Weise lernst du dich immer besser kennen, und du wirst feststellen, dass deine Mitmenschen ebenso ihre persönlichen Grenzen haben. So kann es auch dir immer leichter gelingen, dich selbst mit deinen Schwächen anzunehmen. Denn wenn du die kleinen Macken der Kollegin aus der anderen Gruppe verzeihen kannst, bist du auch eher bereit, dir selbst Unzulänglichkeiten zu vergeben.

Achtsamkeit sieht alles.

Nimm alle Facetten war. Du wirst daran wachsen!

Auch hierbei hilft dir Achtsamkeit. Praktizierte Achtsamkeit sieht nicht nur deine Stärken, sondern auch deine Schwächen. Jedoch wertet sie dich deswegen nicht ab. Im Gegenteil. Indem du dich annimmst mit all deinen Facetten, registrierst du, wo du noch entwicklungsfähig bist. Das heißt, das Leben bleibt interessant für dich, da es hier noch Wachstumsmöglichkeiten gibt.

Denn das ist eben die Eigenschaft der wahren Aufmerksamkeit, dass sie im Augenblick das Nichts zu allem macht.

Johann Wolfgang von Goethe

Übung: Stärkung deines Selbstvertrauens

Stelle dir folgende Fragen:

- Was kannst du so richtig gut?
- Was geht dir leicht von der Hand?
- Bei welchen Tätigkeiten empfindest du Freude?
- Kannst du dich daran erinnern, dass Verwandte, Lehrer und Freunde Bemerkungen über deine Stärken gemacht haben? Und falls ja, was haben sie darüber gesagt?

Mach dir bewusst, dass Zuhören, Verzeihen können, Geduld haben, Sanftheit, Beständigkeit und Durchhaltevermögen ebenso Stärken sind wie selbstbewusstes Auftreten gegenüber Vorgesetzten und Eltern, Musikalität oder ein Organisationstalent.

Mach eine Liste deiner Stärken mit der Absicht, sie täglich um neue Bereiche zu erweitern. Du bist ein Mensch in der Entwicklung, und Leben bedeutet stetiges Wachstum.

Nachdem du weißt, was du gut kannst, finde heraus, wie und wie oft du deine Stärken zum Wahren deiner Interessen und zum Wohl der Gemeinschaft einsetzt. Die Fokussierung auf deine Ressourcen verändert dein Selbstbild positiv, erweitert deine Grenzen und lässt dich deine Schwachstellen konstruktiv betrachten.

Dein Selbstbild umfasst die Wahrnehmung, die du von dir hast. Mit Achtsamkeit nimmst du wahr, dass es veränderbar ist und jede Menge Entwicklungschancen bietet.

Betrachte genau, womit du es zu tun hast.
Und wende dann deinen Blick der Sonne zu.

Statt dich gedanklich oder verbal anzuklagen, wenn etwas nicht so klappt, wie du oder jemand anderer es sich von dir gewünscht hat, wirst du mehr und mehr in der Lage sein, dir Mut zuzusprechen und Vertrauen zu entwickeln, dass du lernfähig bist. Auch beim Betrachten deiner Schwächen spielt eine positive Ausrichtung eine wichtige Rolle.

Übung: Grenzen wahrnehmen und erweitern

Achte in der kommenden Woche vermehrt darauf, wann du an deine Grenzen stößt. Beobachte auch: Wann konntest du diese Grenzen überschreiten?

- Gab es Situationen, in denen du dich getraut hast, Dinge zu sagen oder zu tun, die du bisher noch nie so gesagt oder getan hast, oder warst du kurz davor?
- Wisse, Bewusstwerdung ist der erste Schritt zur Veränderung.

- In welchen Situationen konntest du deine Bedürfnisse und Gefühle klar erkennen?
- Konntest du sie jemandem mitteilen? Und falls ja, wie hast du das gemacht?

Verbuche das bloße Durchschauen einer Situation schon als einen Erfolg, denn es ist ein Meilenstein auf deinem Pfad der Achtsamkeit.

- Hast du um Hilfe gebeten? Falls ja: Super! Falls nein: Wie würdest du die Frage nach Unterstützung formulieren? Spiel es durch. Gesteh dir selbst ein, dass du Hilfe brauchst und stell dir dann vor, wie du darum bittest. Anfangs fühlt es sich fremd an. Doch mit der Zeit wird es dir ganz leicht über die Lippen kommen.

Bei den letzten drei Übungen ist dir vielleicht aufgefallen, dass es zwischen dir und deinen Mitmenschen Unterschiede gibt. Ihr habt unterschiedliche Stärken und Schwächen. Was einer deiner Kollegen gut kann, gelingt dir vielleicht nicht so gut. Andererseits hast du möglicherweise positive Fähigkeiten, die bei anderen nicht so weit entwickelt sind wie bei dir.

Diese Unterscheidung solltest du jedoch nicht nutzen, um andere zu glorifizieren und dich in den Schatten zu stellen. Sie sagt lediglich aus, dass du ein Individuum bist, einzigartig und einmalig.

Achtsamkeit weist dich auf deine Individualität hin. Du bist etwas Besonderes.

Wie jede Blume, wie jeder Wassertropfen oder Stein:
Du bist wunderbar und einzigartig!

Dich gibt es nur ein einziges Mal auf dieser Erde. Wow, was für eine Erkenntnis. Ich verneige mich vor dir. Nicht, um mich über dich lustig zu machen, sondern um dir meine Wertschätzung zu zeigen. Genau genommen bist du ein Star.

Ja, ich weiß: kein Musik- oder Filmstar. Du bist der Star in deinem Lebensfilm. Dieses Buch wird also gerade von einem ganz besonderen Menschen gelesen – nämlich von dir. Lass diese letzten Worte jetzt einmal sacken.

Einatmen.
Ausatmen.

Es sind deine Augen, die diese Zeilen lesen und deine Hände, die dieses Buch halten. Ist dir bewusst, welches Wunder allein deine Augen und deine Hände sind? Und dich gibt es als Gesamtkunstwerk. Eine Kombination aus Körper, Seele, Geist, Vorlieben, Abneigungen, Wünschen, Sehnsüchten, Träumen und Visionen. Du füllst einen Platz in dieser Welt aus – *deinen* Platz.

Atme tief ein, schließe die Augen und sei gewiss: Du bist eine Bereicherung für die Welt!

Achtsam zu leben, bedeutet, das Leben wertzuschätzen. Da du Teil des Lebens bist, gilt die Wertschätzung auch dir. Obwohl Achtsamkeit dich deine Individualität erkennen lässt, macht sie dir aber auch die Verbundenheit mit deiner Umwelt bewusst. Diese Welt ist wie ein Orchester, und du spielst darin dein eigenes Instrument. Ohne dich wäre dieses Orchester nicht dasselbe. Du kommst also nicht umhin, dich selbst wertzuschätzen.

Schwächen und Stärken sind Kehrseiten einer Medaille. Miteinander vereint ergeben sie ein vollkommenes Bild von dir. Sie bergen Chancen und Risiken für dein Leben, das du so gesehen als Abenteuer betrachten solltest. Keinesfalls langweilig, sondern herausfordernd, interessant und vor allem lebendig.

**Plane das Schwierige da, wo es noch leicht ist.
Tue das Große da, wo es noch klein ist.
Alles Schwere auf Erden beginnt stets als Leichtes.
Alles Große auf Erden beginnt stets als Kleines.**

Laotse

LEBEN IM HIER UND JETZT: ACHTSAMKEIT „TO GO“

Achtsamkeit kannst du auch gut im Alltag zu Hause oder in der Kita üben. Finde deinen persönlichen Weg zur Achtsamkeit. Erkenne, woran du merkst, dass du unachtsam bist. Sei achtsam mit dir selbst, mit deiner Umwelt, mit allen Sinnen, im Tagesverlauf.

In deiner individuellen Art bist du ganz speziell, weshalb es auch für dich nur deinen persönlichen Weg zur Achtsamkeit gibt. Sicher, es gibt einige allgemeine Regeln und Strategien, die für alle gelten, jedoch kannst nur du wissen, was du brauchst, denn keiner kennt dich so gut, wie du dich selbst.

Vielleicht ist dir bereits aufgefallen, dass dich andere Dinge auf die Palme bringen als eine Kollegin. Während sie genervt ist, wenn der Lärmpegel in der Gruppe ansteigt, bleibst du möglicherweise gelassen. Andersrum könnte es sein, dass dich zusätzlich auferlegter Schreibkram, den deine Kollegin mit links erledigen würde, stört und deine Laune deshalb sinkt.

Bleibe achtsam bei allem, was du tust.
So findet alles seinen richtigen Platz.

Stimmungen, die dein seelisches und körperliches Gleichgewicht in Disharmonie versetzen, können deine Achtsamkeit empfindsam beeinträchtigen. Je unachtsamer du bist, umso mehr Fehler können dir unterlaufen und umso pessimistischer kann sich deine Sichtweise auf das Leben im Allgemeinen und auf deinen Arbeitsalltag im Besonderen gestalten. Um dem vorzubeugen, ist es interessant, sich die Frage zu stellen:

Woran merkst du, dass du unachtsam bist?

Du bist vergesslich,
gehetzt oder fahrig.
Du hörst nicht zu, bist ungeduldig,
grübelst und bewertest.
Du verdrängst, kämpfst gegen
Unabänderliches.
Du verschließt dich gegenüber
Neuem.
Du fühlst dich nicht genug beachtet.
Du glaubst, alles allein machen zu
müssen.
Du lehnst dich selbst ab.
Du hast Zeitnot oder fühlst dich
gelangweilt.
Du hast Angst zu versagen, fühlst
dich überfordert oder hilflos.
Du registrierst mehr das Negative
als das Positive.
Du jammerst, siehst dich als Opfer der Umstände.
Du glaubst, falsch zu sein oder schuld zu sein.
Du bist unkonzentriert und nicht fokussiert.
Du sehnst den Feierabend oder das Wochenende herbei.

Wenn du dich nach Ruhe sehnst, verweile achtsam im Augenblick.

Die Liste ließe sich endlos so weiterführen, und sicherlich sind dir genau wie jedem anderen Menschen alle Punkte bekannt. Vielleicht denkst du sogar: „Puh, ich glaube, dass ich die meiste Zeit unachtsam bin.“ Aber geh nicht zu hart mit dir ins Gericht, denn all diese Dinge hat schon jeder an sich festgestellt. Wichtig ist:

Sobald du merkst, dass du unachtsam bist, bist du achtsam.

Letztendlich kannst du alle Unachtsamkeit unter der Begrifflichkeit „Nicht im Hier und Jetzt sein“ zusammenfassen. Immer wenn du extremen Belastungen ausgesetzt bist, gerät deine Achtsamkeit ins Hintertreffen. In solchen Situationen bist du weniger aufmerksam, weil deine inneren und äußeren Umstände bereits so viel von deiner Lebensenergie verbrauchen, dass es dir schwerfällt, fokussiert auf das Wesentliche zu bleiben. Statt wahrzunehmen was ist, verfällst du in den Kampf- oder Fluchtmodus.

Doch ist es menschlich, von Zeit zu Zeit unachtsam zu sein. Stellst du fest, dass du mit deinen Gedanken ganz woanders bist oder dass du einer Situation am liebsten entfliehen möchtest, besinnst du dich auf den jetzigen Augenblick und auf das, was in dir gerade lebendig ist – und schon bist du achtsam. Klingt einfach? Das ist es auch – eigentlich.

Fokussiere, was du um dich herum wahrnimmst. So wirst du aufblühen!

Achtsamkeit ist eine Fähigkeit, die trainiert werden möchte wie ein Muskel, weshalb es Sinn macht, sie spielerisch in deinem Alltag zu integrieren.

Trainiere deine Achtsamkeit.

Achtsamkeit „to go" lädt dich ein, spontan oder eben im Vorbeigehen, den einen oder anderen achtsamen Moment wach und aufmerksam zu erleben. Hier kommen nun Übungen und Tipps, die dir helfen können, um in den Modus der Achtsamkeit zu wechseln und dadurch mehr Gelassenheit und Lebensqualität zu erfahren:

Übung: Finde im Atmen Ruhe

Deinen Atem hast du immer dabei, daher ist er gut geeignet als schnelle Hilfe:

Atme tief in den Bauch ein und aus. Spür die Bewegung der Bauchdecke. Sie hebt sich mit dem Einatmen und senkt sich mit dem Ausatmen. Lass noch vier weitere Atemzyklen folgen und beobachte sie ebenso.

Atme Ruhe ein und atme Weite aus. Denk mit dem Einatmen das Wort „Ruhe" und mit dem Ausatmen das Wort „Weite". Stell dir dabei vor, wie du mit jedem Einatmen Ruhe in dich aufnimmst und mit dem Ausatmen in dir und um dich herum Weite schaffst. Wiederhol dies einige Atemzyklen lang. Falls dir andere Wortpaare besser gefallen, kannst du auch diese dafür nutzen. Hier sind noch einige Beispiele:
Kraft – Vertrauen, ankommen – hier, Leichtigkeit – Freude, Zuversicht – Stärke, Klarheit – Frieden. Oder sei kreativ und erfinde eigene Wortpaare.

Besonders wirksam bei Grübelei: Lausche auf die Stille hinter deinen Gedanken.

Übung: Achtsam mit dir selbst sein

- Erlaube dir fünf Minuten lang nichts zu tun. Gar nichts.
- Stell dir die Frage: Bin ich gerade im Hier und Jetzt? Schau dich im Raum um und registriere, was dich umgibt.
- Entspanne deine Schultern. Lass sie noch einen Zentimeter tiefer sinken.
- Welchen Gesichtsausdruck hast du gerade?
- Erwarte den nächsten Gedanken. Welcher ist es?
- Sag dir die Worte: „Hier und jetzt.“
- Stell dir die Frage: „Wie oder was könnte ich mir jetzt Gutes tun?“
- Frag dich: „Was denke oder fühle ich?“
- Lobe dich selbst. Mach dir selbst Mut.

Für mehr Leichtigkeit stell dir die Frage: „Nehme ich die Situation oder mich selbst gerade zu ernst?“

Übung: Entschleunigung und Leichtigkeit

- Beobachte deine Bewegungen. Setze im Laufen achtsam deine Schritte und greife ebenso achtsam mit den Händen.
- Entschleunige deine Bewegungen. Komm aus dem Hetz-Modus in die fließende Ruhe.
- Erkläre das Wort „Stress“ zum Unwort. Viele Menschen lieben es, über den Stress zu stöhnen, was ihnen wohl ein Gefühl von Wichtigkeit gibt. Doch der Lohn dafür ist das Leben eines gestressten Daseins. Sag lieber: Ich habe gut zu tun.
- Recke und strecke dich zwischendurch. Lächle ohne Grund.

- Lass das Wort „Sanftheit“ in dir schwingen.
- Sag dir den Satz: „Alles ist gut, so, wie es ist.“
- Lausche der Stimme in deinem Kopf ohne zu urteilen. Beobachte sie.
- Sag „ja“ zu diesem Augenblick, denn es gibt gerade keinen anderen. Selbst jedes Problem muss erst in seiner Anwesenheit akzeptiert werden, bevor es gelöst werden kann.
- Erlaube dir, die Lösung nicht zu kennen. Du kannst und du musst auch nicht alles wissen.

Bei Zeitdruck hilft, wenn du dir sagst: „Ich habe alle Zeit der Welt.“ Atme anschließend einmal tief ein und lass mit dem Ausatmen Stress los.

Übung: Achtsamkeit im Austausch mit deiner Umwelt

- Stell dir in schwierigen Gesprächen vor, dass in deinem Kopf der weite Raum des Weltalls existiert. Damit bleibst du offen und gelassen und bietest deinem Gesprächspartner keinerlei Angriffsfläche.
- Fehlen dir das Mitgefühl und die Anerkennung deiner Kolleginnen oder der Eltern? Dann gib dir zunächst selbst Bestätigung, um diese dann weiterzugeben. Sag zu dir selbst: „Ich nehme mich so an, wie ich bin. Auch wenn ich mich z. B. nervös fühle, liebe und akzeptiere ich mich.“
- Fühlst du dich unverstanden, sag, was du fühlst und brauchst. Frag nach, ob dein Gegenüber deine Worte wiederholen kann. Nur dann weißt du, ob deine Botschaft angekommen ist.

- Bedenke, dass Schweigen manchmal die beste Antwort ist.
- Frag dich: Sehe ich gerade mehr die Gegensätze statt die Gemeinsamkeiten?
- Komm deinen Erwartungen auf die Schliche. Wenn sie immer wieder enttäuscht werden, könnte es daran liegen, dass diese zu hoch sind?
- Blicke im Gespräch deinem Gegenüber immer einmal wieder fest in die Augen. Damit zeigst du Stärke und Aufrichtigkeit. Doch übertreibe es nicht damit, denn der oder die andere könnte es als Machtkampf missverstehen.
- Wann immer du eine Vorwurfshaltung einer Person gegenüber hast, frag dich, was es braucht, um der Person vergeben zu können. Vielleicht braucht es ein klärendes Gespräch, oder die Situation verlangt Nachsicht von dir. Vergebung macht dich frei. Vergeben bedeutet jedoch nicht zu vergessen.
- Finde drei Menschen, denen du direkt ein Kompliment machst und sei es auch noch so klein.
- Stell dir vor, dass der nächste Mensch, der dir begegnet, eine Botschaft für dich hat.
- Sei freundlich im Umgang mit dir selbst und du wirst erleben, dass Kollegen und Eltern zu dir ebenfalls freundlich sind. Gib die Freundlichkeit weiter.
- Sei überzeugt: Du bekommst alle Hilfe, die du brauchst. Wenn nötig, bittest du darum.
- Gib das Warten auf. Es schürt nur deine Ungeduld. Alles geschieht zur richtigen Zeit am richtigen Ort.

Dankbarkeit ist ein Turbobeschleuniger für positive Erfahrungen. Frag dich: „Wofür bin ich dankbar?“ Nichts ist selbstverständlich. Alles ist ein Geschenk.

Übung: Achtsam beobachten

- Beobachte in einem Streitgespräch, wie sehr du deinen Standpunkt verteidigst, um Recht zu behalten. Doch Rechthaberei baut Blockaden auf. In dir und auch gegenüber anderen.
- Ertappst du dich also selbst dabei, und du erkennst deine Reaktion als solche an, kannst du dich – wahrscheinlich nicht sofort, aber nach und nach – dazu entscheiden, anders zu reagieren. Mit der Zeit gelingt es dir, dein Machtstreben in solch erhellenden Momenten loszulassen, was zu sofortigem Frieden führt.
- Denke daran: Gelingt es dir, gelassen auf eine Situation oder eine Person zu schauen, veränderst du die Situation bereits nur durch deine Beobachtung.
- Beobachte die Kinder beim Spiel. Kannst du sehen, mit welcher Hingabe sie ins Spiel versinken? Lass sie dein Lehrer im Üben der Hingabe sein. Alles, was du mit Hingabe tust, tust du ohne Widerstand.

Wichtig für deine Achtsamkeit im Alltag ist zudem: Lästern, hetzen, tuscheln hinter dem Rücken anderer sind ein „no go“.

Achte darauf, dich nicht an Lästereien zu beteiligen. Alles, was du aussendest, kommt wie ein Bumerang zu dir zurück. Lästern verbreitet

Vermeide es, hinter dem Rücken über andere zu reden. Achtsamkeit hilft dir dabei.

eine negative Stimmung. Stattdessen wünsche dir ein herzliches Klima in der Kita und gehe mit der Frage schwanger: „Wie kann ich zu einer entspannten Atmosphäre an meinem Arbeitsplatz beitragen?“

Erwischst du dich dennoch beim Lästern, beobachte, was es genau mit dir macht. Achte auf deine Muskelspannung, werde dir deiner Atmung bewusst und frag dich hinterher, ob es dir damit tatsächlich besser geht. Wenn du es nötig hast, dich durch das negative Sprechen über andere besser zu fühlen, bist du in der Opferhaltung. Du versuchst damit, Machtlosigkeit gegen das Gefühl der Macht auszutauschen. Vergib dir deine Kleinheit. Du hast es bemerkt. Je häufiger du dir in solchen Momenten über dein Verhalten bewusst wirst, desto eher kannst du es abstellen.

> Die Verleumdung ist schnell und die Wahrheit langsam.
>
> *Voltaire*

Übung: Achtsamkeit mit allen Sinnen

Nutze zwischendurch ganz bewusst deine fünf Sinne:

- Was kannst du jetzt gerade sehen? Beschreib es.
- Was hörst du im Raum? Welche Geräusche von draußen kannst du wahrnehmen? Höre dein Atmen.
- Was riechst du? Gibt es Menschen, die du gut riechen kannst und andere, die du nicht gut riechen kannst? Ich meine wirklich „riechen“. Wie reagierst du im ersten Fall und wie im zweiten?
- Was schmeckst du? Süß, salzig, bitter, sauer? Wie wäre es für dich und die Kinder, daraus einmal eine kleine Übung beim Essen zu machen?

- Was spürst du? Temperatur, Sitzmöbel unter deinem Gesäß, die kuschelige Jacke, Wind im Gesicht?
- Und was ist mit deinem sechsten Sinn – deiner Intuition? Manchmal sagt jemand etwas, was dann zu einer Idee führt. Oder du siehst eine Aufschrift auf einem Plakat, und du hast einen interessanten Einfall. Wenn es so ist, feiere diesen inspirierenden Moment. Die Frohnatur in dir liebt gute Gefühle und wird für dich weiter danach Ausschau halten.

Was auch immer du mit deinen Sinnen wahrnimmst, bleib in der Beobachtung. Damit bleiben Geräusche einfach nur Geräusche statt Lärm zu sein. Du bleibst innerlich gelassen, selbst wenn die Situation erfordert, dass du den Geräuschen Einhalt gebieten musst.

Bleibe im Tagesverlauf achtsam

Betrachte die nun folgenden Momente der Achtsamkeit als Optionen, deinen Tag frisch und neu zu gestalten, wann immer dir danach ist. Versteh sie bitte nicht als Zwang, immer achtsam sein zu müssen, denn der daraus entstehende Erwartungsdruck an dich selbst würde genau zum Gegenteil führen. Spiel mit den Tipps und schau, wo du glaubst, für dich etwas positiv verändern zu können.

Übe Achtsamkeit. So findest du immer wieder zu deiner Mitte.

Beginne klein. Probiere ein bis drei Tipps zu Anfang aus. Variiere nach einiger Zeit. Stell fest, was dir leicht fällt und wo du noch etwas Übung brauchst. Nobody is perfect. Experimentiere damit und finde für dich heraus, welchen Nutzen du aus der Praxis der Achtsamkeit ziehen kannst.

Diese Tipps sollen dir lediglich als Anregungen dienen. Auf keinen Fall solltest du dich genötigt sehen, alles erfüllen zu müssen. Sieh es einfach nur als Angebot. Du hast die Wahl.

Übung: Achtsamkeit am Morgen

- Steh morgens rechtzeitig auf, so dass du gelassen deine Morgenrituale praktizieren kannst. Damit zeigst du dir selbst, dass du dir wichtig bist.
- Begrüße den Tag freundlich und aufgeschlossen, noch bevor du deine Beine aus dem Bett schwingst. Du kannst sagen: „Hallo Tag, schön, dass du da bist. Ich bin bereit für Freude und interessante Begegnungen.“ Das ist eine positive Einstimmung auf den Tag.
- Auch wenn dich ein verstrubbeltes Gegenüber im Spiegel anschaut, begegne dir wertschätzend mit einem Lächeln.
- Nimm dir Zeit für deine erste Tasse Kaffee oder Tee und genieße sie. Das weckt deine Lebensgeister.
- Fällt dir etwas ein, an das du unbedingt später denken musst, schreib es auf ein Blatt Papier.
- Wenn du die Klinke deiner Haustür beim Verlassen deiner Wohnung drückst, halte kurz inne und atme durch. Spür die Klinke in deiner Hand.

- Wie riecht es im Treppenflur? Hör die Fußsohlen deiner Schuhe auf dem Asphalt. Welche Geräusche kannst du sonst noch wahrnehmen? Vogelgezwitscher, Straßenverkehr, Wind? Wie ist die Temperatur?
- Beim Einsteigen ins Auto oder in den Bus beobachte, welchen Fuß du zuerst nimmst und welche Muskelpartien angespannt werden. Falls du mit dem Fahrrad unterwegs bist: Wie steigst du auf? Achte auf den Straßenverkehr und auf das, was um dich herum geschieht.
- Weckt etwas deinen Unmut bzw. Ärger (z. B. wenn alle Ampeln heute auf Rot zu stehen scheinen), atme tief durch und zähle langsam bis zehn. Hilfreich ist auch der Satz: „Ich bin ruhig und gelassen in jeder Situation.“
- Ertappst du dich dabei, auf dem Weg zur Kita Probleme zu wälzen, sag dir: „Ich bleibe offen und sehe meiner Zukunft gelassen entgegen.“ Konzentrier dich dann wieder auf das unmittelbare Geschehen.
- Welches Gefühl hast du, noch bevor du die Einrichtung betrittst? Eine interessante Übung, die dir, über einen längeren Zeitraum ausgeführt, Aufschluss über die Beziehung zu deinem Arbeitsplatz gibt.
- Machst du Unterschiede in der Wahl deiner Begrüßungen? Herzlich, freundlich, distanziert, reserviert, abwägend? Und falls ja, warum?
- Atme dreimal tief ein und aus.

Übung: Achtsamkeit mit Eltern in deiner Kita

- Im Gespräch mit einem Elternteil schenk ihm deine volle Aufmerksamkeit, auch wenn andere Eltern diese gern zum selben Zeitpunkt hätten. Doch du kannst nicht allen gerecht werden. Das liegt in der Natur der Dinge. Zeig eine klare Haltung. Verweise beispielsweise einen Vater freundlich aber bestimmt auf einen späteren Termin.
- Bleib standhaft bezüglich deiner pädagogischen Werte gegenüber Eltern. Es ist ganz normal, wenn Kinderhosen nach dem Spielen im Sandkasten oder auf der Wiese Spuren aufweisen.
- Erlaube dir, in der Kommunikation mit den Eltern nicht sofort auf ihr Anliegen reagieren zu müssen. Zwischen Reiz und Reaktion liegt deine Freiheit. Gestatte dir zunächst durchzuatmen, bevor du antwortest. Fällt dir im Moment keine befriedigende Antwort ein, darfst du dir erlauben, dir darüber Gedanken machen zu wollen, um zu einem späteren Zeitpunkt auf das Thema zurückzukommen.

Konzentriere dich auf das, was du im Moment machst. Bewusst. Voller Vertrauen in dich und deine Stärken.

Übung: Achtsamkeit im Umgang mit Aufgaben, Kollegen und Kolleginnen

- Gibt es eine Kollegin, die du nicht oder kaum sympathisch findest? Dann finde etwas an ihr, dass dir gefällt, auch wenn es nur die Haarfarbe ist. Mit der Zeit kann es dir auf diese Weise gelingen, bestehende Barrieren zu überwinden.
- Geh an unliebsame Aufgaben mit Offenheit. Wenn dieser Kelch sowieso nicht an dir vorüberzieht, dann nimm ihn mit Gelassenheit entgegen. Verzichte auf Nörgeln und Jammern. Atme tief durch, streck deinen Körper und sag dir selbst: „Okay, ich schaffe es jetzt.“ Bleib dann konzentriert bei deinem Tun.
- Erinnere dich, weshalb du diesen Beruf gewählt hast und welche Möglichkeiten des kreativen Tuns er dir gibt. Schöpfe diese aus. Was macht dir besonders viel Freude? Wie kannst du diese Freude zeigen und weitergeben? Nur wenn du selbst begeistert bist, kannst du andere begeistern.
- Wann immer dir Unklarheit begegnet, bemüh dich um Klärung. Frag nach, wenn dir etwas unklar ist. So beugst du Missverständnissen vor.
- Hast du ein ernsthaftes Problem mit einem Kollegen, finde eine Person deines Vertrauens, der du dich offenbaren kannst. Möglicherweise ist schon ein Perspektivwechsel ausreichend, um dein Problem einzudämmen oder sogar um es zu lösen.
- Fühlst du dich unfrei, dann frag dich: „Wer hat mich in der Hand?“ Es sind meist deine eigenen Bewertungen und Entscheidungen, die dich unfrei machen. Falls du daran zweifelst, lade ich dich ein, das selbst zu überprüfen.

- Kannst du heute eine Arbeit nicht erledigen, dann setze es ganz oben auf deinen Plan für den nächsten Tag. Lob dich für das, was du geleistet hast und schenk ihm mehr Aufmerksamkeit als dem, was du nicht geschafft hast.

Achtsamkeit kann für dich wie ein Leuchtturm sein, der dir Orientierung gibt.

Übung: Achtsamkeit mit dir selbst im Lauf des Tages

- Finde die Lücke zwischen deinen Gedanken.
- Atme aus, was dich gerade stört: deine Anspannung, Stress, Ärger, Ungeduld. Atme Gelassenheit und Zuversicht ein.
- Strecke zwischendurch deinen Körper und spüre, wie gut es dir tut. Vielleicht magst du daraus auch eine kleine Übung mit den Kindern und deinen Kollegen machen.

- Fühlst du dich körperlich unwohl, dann schau hin. Sei ehrlich zu dir selbst. Brauchst du nur eine Pause oder bist du krank? Wenn du dir wirklich wichtig bist, wirst du dir diese Frage stellen und auch ehrlich beantworten. Sei gewiss: Es gibt immer eine Lösung.
- Wenn du in der Pause bist, dann mach wirklich Pause! Verzichte bewusst auf das Handy oder die Besprechung zwischendurch. Stellst du fest, dass deine Pause nicht respektiert wird, dann sprich es bei der nächsten Supervision an. Deine Kollegen könnten dir dankbar sein.
- Wähl einen Platz in deiner Gruppe als Ruheplatz aus. Während du dort sitzt, spür die ruhevolle Ausstrahlung auf deinem Platz. Stell dir vor, dass du an diesem Platz die Ruhe selbst bist und sie ausstrahlend an deine Mitmenschen weitergibst. Trink deinen Kaffee oder Tee langsam, schmecke ihn achtsam und lausche. Je häufiger du dies praktizierst, umso öfter wirst du feststellen, dass es eine wohltuende Wirkung auf dich und deine Umgebung hat.

Übung: Achtsamkeit in belastenden Situationen

- Das, was du an anderen nicht magst, ist auch meistens das, was du an dir selbst nicht magst oder es ist genau das Gegenteil, was bei dir stark ausgeprägt ist. Du findest, dass deine Kollegin in der Erfüllung ihrer Aufgaben zu nachlässig ist? Hier meine Frage an dich: Gibt es Arbeiten, die du mit ebensolcher Nachlässigkeit erledigst? Oder bist du eher der Perfektionist und machst dir dadurch das Leben schwerer als es tatsächlich ist? Sei ehrlich.

- Achte auf dein Bauchgefühl. Manchmal kannst du Dinge nicht aussprechen oder benennen, weil dir einfach die Informationen dazu fehlen. Wenn dein Bauchgefühl dir etwas sagt, dann finde eine Person deines Vertrauens, der du dich offenbaren kannst.
- Verspürst du Langeweile oder Eintönigkeit in deinem Arbeitsalltag, dann bringe etwas Neues ein. Erlaube dir, spontan zu sein. Denk an Pipi Langstrumpf. Sie versteht es, Alltäglichkeiten in kleine Abenteuer zu verwandeln. Wenn du Spaß hast, wirst du andere damit anstecken.
- Erlaube dir Freude.
- Überprüfe deine Körperhaltung und Mimik. Wie könntest du aussehen, wenn du voller Selbstvertrauen bist? Ist das gerade nicht der Fall, dann tu so als ob. Deinem Gehirn ist es egal, ob du etwas tatsächlich erlebst oder ob du es dir nur vorstellst. Es schüttet in beiden Fällen dieselben Glückshormone aus.

Übung: Achtsamkeit am Abend

- Überrasch dich selbst ab und zu auf dem Nachhauseweg mit einem kleinen Spaziergang oder einem Besuch im Eiscafé.
- Bereite dir ein leckeres Essen zu und genieß jeden Bissen.
- Gibt es zuhause noch Aufgaben zu erledigen, gönn dir erst einmal eine ausgiebige Pause. Stell dein System auf Feierabendmodus ein.

- Finde Zeit, deinem Hobby nachzugehen, auch wenn es sich dabei womöglich nur um dreißig Minuten handelt. Dies ist Balsam für deine Seele. Du schöpfst daraus Kraft.
- Pflege Kontakte mit Freunden oder Verwandten. Ein gutes Beziehungsnetzwerk gibt deinem Leben Stabilität und dir Selbstvertrauen.
- Frag dich vor dem Zubettgehen: Wofür bin ich heute dankbar? Finde mindestens fünf Punkte.
- Atme dreimal tief ein und aus.

FRAGEN UND ANTWORTEN ZU ACHTSAMKEIT

Damit Achtsamkeit für dich noch greifbarer wird, findest du hier Antworten auf mögliche Fragen. Zudem werden dir die Regeln der Achtsamkeit noch einmal das Wichtigste verdeutlichen.

Die nun folgenden Fragen und ihre Antworten mögen Missverständnisse bezüglich des Themas „Achtsamkeit“ aus dem Weg räumen und Vorbehalte abbauen. Was möchtest du als Erzieherin oder Erzieher darüber noch gerne wissen? Ich werde versuchen, dir darauf Antworten zu geben.

Mein Tag ist doch schon anstrengend genug. Wie soll ich mich dabei auch noch auf Achtsamkeit konzentrieren können?

Die Energie fließt dorthin, wo die Aufmerksamkeit hingeht. Richtest du dein Augenmerk auf „Anstrengung“, wirst du bei allem, was du tust, Anspannung spüren. Du vermehrst damit die Anstrengung. Achtsamkeit zeigt dir den Weg aus der Anstrengung in die Entspannung.

Achtsamkeit kannst du immer und überall im Alltag üben.

Ich würde sehr gerne Achtsamkeit im Kita-Alltag praktizieren, doch meine Kollegin ist dagegen.

Achtsamkeit ist eine Haltung. Wenn du vom Standpunkt der Achtsamkeit aus denkst, fühlst, redest und handelst, wird deine Umwelt deine wachsende Gelassenheit und Ruhe spüren. Durch dein Beispiel lädst du sie automatisch ein, achtsam zu sein.

Wie kann ich den Kindern Achtsamkeit vermitteln?

Dies geht am leichtesten über die Sinne und über den Atem. Wie wäre es mit einer Flüsterrunde? Oder einem Geschmackstest? Fühlboxen mit unterschiedlichen Materialien – hart, weich, rau, glatt – und auch ein Barfußparcours sind gute Möglichkeiten, den Tastsinn zu schärfen. Mithilfe des Geruchssinns könnten die Kinder mittags raten, was es zu essen gibt. Ein beliebtes Spiel ist „Ich sehe etwas, was du nicht siehst". Mach mit den Kindern kleine Atemübungen zwischendurch. Das beruhigt die Gruppensituation. Oder du bittest die Kinder, sich auf den Rücken zu legen. Eine Hand auf dem Bauch liegend können sie fühlen, wie sich der Bauch mit dem Einatmen hebt und wie er sich mit dem Ausatmen senkt. Die Frage „Was bewegt sich noch beim Atmen?" lädt die Kinder dazu ein, sich weiter zu beobachten und achtsam zu sein. Außerdem: Sei Vorbild. Wenn du achtsam bist, lädst du andere dazu ein, es ebenfalls zu sein.

Ich habe das Gefühl, der Fußabtreter für eine Mutter zu sein. Ständig hat sie etwas zu beanstanden. Sie ist ungeduldig und lässt mich kaum zu Wort kommen. Was kann ich mit Achtsamkeit hier erreichen?

Eröffne Kindern Achtsamkeit, indem du ihnen Erlebnisse für alle Sinne ermöglichst.

Erkenn an: Du fühlst dich nicht wohl im Austausch mit dieser Mutter. Es gibt drei Möglichkeiten zu reagieren. Verlass die Situation, verändere sie oder akzeptiere sie ganz. Was könntest du tun, damit du dich wohler fühlst? Vielleicht könnte deine Kollegin das Gespräch mit der Mutter übernehmen, wenn du sie darum bittest. Oder finde heraus, welche Vorbehalte du der Mutter gegenüber hast. Was lehnst du an ihr ab? Außerdem stärke dich vor und nach einem Austausch mit ihr innerlich mit dem Satz: „Ich liebe mich so, wie ich bin." Das kann mitunter Wunder wirken. Lehnst du dich selbst ab, triffst du auch auf Ablehnung in deinem Umfeld.

Meine Kolleginnen und ich beobachten, dass Eltern immer weniger Geduld mit ihren Kindern zeigen. Statt ihnen die volle Aufmerksamkeit zu schenken, sind sie mit ihrem Handy beschäftigt, während sie ihr Kind zur Kita bringen oder es abholen, wobei sie dem Kind mit Gesten und Sprache verdeutlichen, es möge sich beim Aus- oder Anziehen beeilen.

Achtsamkeit ist ein Weg in die Gelassenheit und Freiheit.

Achtsamkeit ist Wertschätzung gegenüber dem Leben. Je mehr ich dem Kind zeige, dass alles andere wichtiger ist als das Zusammensein mit ihm, desto mehr leiden sein Selbstvertrauen und die Beziehung zwischen Eltern und Kind darunter. Es scheint immer wichtiger zu werden, Eltern darauf aufmerksam zu machen. Doch mit erhobenem Zeigefinger wirst du kaum etwas erreichen. Geh mit dem Thema Achtsamkeit spielerisch um.

Führe doch mal mit deinen Kolleginnen eine Entschleunigungswoche in der Kita als Projekt durch, in das die Eltern morgens bei der Begrüßung schon mit einbezogen werden. Auf diese Weise könnt ihr das Thema zur Sprache bringen, ohne dass sich jemand persönlich bevormundet fühlt.

Manche Menschen sind durch ständige Ablenkungen und Multitasking im Alltag unempfindlich für die Belange ihrer Umwelt geworden. Hab Verständnis für eine gestresste Mutter, indem du ihr dein Mitgefühl bekundest. Auch das ist Achtsamkeit. Sag Ihr z. B.: „Frau …, Sie sehen aus, als könnten Sie eine Atempause gebrauchen. Setzen Sie sich doch einen Moment zu Ihrem Kind und verschnaufen Sie.“ Wenn die Mutter sich verstanden fühlt, wird sie auch verständnisvoller im Umgang mit ihrem Kind.

Regeln der Achtsamkeit

Lass dich auch bei alltäglichen Tätigkeiten nicht ablenken. Bleibe achtsam bei jedem Schluck, den du trinkst.

Damit dir Achtsamkeit leichter gelingt, findest du hier noch einmal die wichtigsten Regeln dazu. Sie sollen dir helfen zu verstehen, was Achtsamkeit meint.

- Achtsam sein bedeutet, wahrzunehmen was ist. Deshalb ist achtsames Erleben immer ein Erleben mit allen Sinnen.
- Achtsamkeit ist beobachten ohne zu bewerten.
- Achtsamkeit ist trainierbar.
- Achtsamkeit befreit dich von deinem konditionierten Verhalten und hilft, die Fesseln der Vergangenheit zu lösen.
- Achtsamkeit befreit dich von den Sorgen über deine Zukunft.
- Achtsamkeit katapultiert dich direkt ins Hier und Jetzt.
- Achtsamkeit ist Gegenwärtigkeit.

LERNE, ACHTSAMKEIT WERTZUSCHÄTZEN

In aller Klarheit möchte ich dich dazu ermuntern, dein Leben in Achtsamkeit zu führen, gerade weil es Momente gibt, in denen du dich überfordert und benachteiligt fühlst.

Das Leben ist nicht immer nur Zuckerschlecken. Wahrscheinlich hast du das schon längst bemerkt.

Achtsamkeit ist der Weg aus dem Hamsterrad, aus Überforderung und Stress. Achtsamkeit führt dich zu dir selbst, denn Achtsamkeit zeigt dir, wie es gelingen kann, den täglichen „Wahnsinn“ anzuhalten und mit Ruhe und Gelassenheit zu durchdringen.

So, wie Licht durch die Baumkronen dringt, erhellt Achtsamkeit dich von innen.

Achtsamkeit nimmt den Druck aus deinem Tun und lehrt dich, aufmerksam den Augenblick zu leben.

Statt ständig jede Situation infrage zu stellen, zeigt sie dir den Weg aus der Bewertung in die Beobachtung. Reines Beobachten macht dich frei. Je mehr dir dies mit der Zeit gelingt, umso weniger musst du eine Begebenheit kontrollieren. Immer öfter wirst du in der Lage sein, mit dem Lebensstrom zu schwimmen statt dagegen. Du entdeckst, was „geschehen lassen“ bedeutet.

Durch Achtsamkeit schaffst du mehr Lebensqualität für dich.

Du gewinnst einen größeren und besseren Überblick dein Leben betreffend, denn immer mehr durchblickst du Zusammenhänge, erkennst Ursachen und Wirkungen, aber auch Grenzen und Möglichkeiten. Du lernst, dich und andere besser einzuschätzen. Das wiederum stärkt dein Selbstvertrauen und deine innere Gelassenheit.

Immer öfter wirst du dich beim Genießen ertappen. Anfangs mag es von dir eine gewisse Konzentration erfordern, inmitten vieler Kinder z. B. dein Getränk genießen zu können: es zu schmecken, seine Wärme oder Kühle in der Kehle zu spüren und ruhig dabei zu atmen. Möglicherweise findest du es anfänglich sogar richtig anstrengend. Das liegt daran, dass du noch ungeübt darin bist, deinen Fokus einzugrenzen.

Bisher wurden Multitasking, Zügigkeit und Effektivität von dir erwartet. Bist du von robuster Natur, hat es dir vielleicht nicht so viel ausgemacht. Doch gerade wenn du ein Mensch bist, dem Verantwortung, Perfektion und Zuverlässigkeit besonders wichtig sind, ist es sehr gut möglich, dass du in die Leistungs- und Stressfalle tappst. Ein achtsamer Umgang mit dir selbst und anderen kann dich davor bewahren. Deine Gesundheit wird es dir allemal danken.

Achtsamkeit macht deinen Kopf frei. So bewältigst du Herausforderungen gelassen und zuversichtlich.

Doch nicht nur deine Gesundheit profitiert davon. Du wirst feststellen, dass du im Ganzen kraftvoller wirst. Ein Mensch, der in stürmischen

Zeiten die Ruhe bewahrt, wird als Fels in der Brandung von seiner Umwelt gesehen. Dein Reden und Handeln werden kraftvoller und von anderen besser wahrgenommen. Was du bisher wortreich ausschmücken musstest, um von anderen verstanden zu werden, kannst du bald mit nur einem Satz klar zum Ausdruck bringen. Das spart Energie und Zeit.

Kinder, Kollegen und Eltern schenken dir gern ihre Aufmerksamkeit, da deine Ausstrahlung sich positiv verstärkt. Du entwickelst mehr Durchsetzungskraft, was du daran merkst, dass du immer weniger deine Stimme laut erheben musst, da du auf andere Mittel zurückgreifen wirst.

Immer öfter wird dir auffallen, wenn du grübelst, um alte Geschichten aufzuwärmen oder Probleme zu wälzen, die noch in der Zukunft liegen. Du kannst dich bewusst entscheiden, wieder in das direkte Erleben zu kommen, zu schauen, was sich direkt vor deiner Nase befindet und deinen Fokus nur darauf zu richten. Du wirst entdecken, dass du mit der gegenwärtigen Situation zurechtkommst, wenn du Vergangenheit und Zukunft nicht mit ihr vermischst.

Mit zunehmender Übung verstärkt sich deine Intuition, und Inspiration wird dir vermehrt zuteil. Du wirst belohnt mit kleinen und großen genialen Einfällen, was deine Kreativität steigert. Mit ihr steigen auch deine Lebensfreude und die Begeisterung für das, was du tust und für die vielen Ausdrucksmöglichkeiten, die das Leben dir bietet. Du stellst fest: Es darf auch Spaß machen.

Achtsamkeit hilft dir, Licht ins Dunkel zu bringen. Was möchtest du gerne angehen?

Sicherlich gibt es Projekte und Tätigkeiten, die dir schon immer viel Spaß in deinem Beruf gemacht haben. Vielleicht ist es bei dir das Gärtnern, Kochen oder Musizieren. Doch dann gibt es auch die vielen Anforderungen, die dich genau davon abhalten: Berichte schreiben, Elterngespräche führen, Aufräumen, Sitzungen planen, Fortbildungen besuchen. Achtsames Tun lenkt deinen Blick auf das, was du jetzt tust und lässt es dich voll erleben.

Mit Achtsamkeit kannst du gärtnern, ohne an die Sitzung oder das Elterngespräch in einer Stunde zu denken, so dass du wie ein Kind im Spiel ganz darin aufgehen kannst. Mit Achtsamkeit kannst du aber auch ohne Bewertung – ohne jammern, nörgeln oder meckern – in die Sitzung oder das Elterngespräch gehen. Hinterher wirst du dich möglicherweise sagen hören: „So schlimm war das ja gar nicht. Das letzte Mal habe ich noch ganz anders in der Erinnerung."

Atme durch, schau dich um – Achtsamkeit macht offen für alles, was dich umgibt.

Achtsamkeit führt dich in die Offenheit, in eine offene Haltung gegenüber dir selbst, deinen Mitmenschen, deiner Arbeit und dem Leben im Allgemeinen.

Indem du den Menschen und Situationen achtsam begegnest und gleichzeitig wahrnimmst, welche Gefühle und Gedanken du hast, lernst du, dir wirkungsvollere Fragen zu stellen. Fragen, die dir neue Möglichkeiten offenbaren. Statt wie vielleicht bisher zu fragen: „Warum ich? Warum jetzt?“, wirst du dich häufiger fragen: „Was könnte jetzt hilfreich sein? Wie könnte es mir gelingen, mit Leichtigkeit und Gelassenheit diese Situation zu bewältigen?“

Achtsamkeit schafft Leichtigkeit. Fühle dich frei!

Meine Einladung an dich lautet: Experimentiere mit den beiden letztgenannten Fragen. Probiere sie aus und mach deine eigenen Erfahrungen. Bemühe dich nicht, sie mit dem Verstand beantworten zu wollen, sondern geh mit ihnen schwanger und schau, wie das Leben darauf reagiert. Du wirst feststellen, dass sich mit der Zeit deine Wahrnehmung positiv verändert.

Hab keine Angst davor, dir und anderen Fragen zu stellen, denn Achtsamkeit lädt dich dazu ein. Sei wach gegenüber deiner Umwelt, aber auch und vor allem dir selbst gegenüber. Wenn du wissen willst, was dich antreibt, dann horche in dich hinein. Niemand kennt dich besser als du selbst. Mit zunehmender Übung und Aufmerksamkeit gewinnst du Klarheit über deine Bedürfnisse und Gefühle. Und gerade diese Klarheit brauchst du, um für dich Ziele zu formulieren und dich auf sie auszurichten.

Hast du dein Ziel im Fokus, dann sorge dich nicht um den Erfolg, sondern bleibe mit deiner Aufmerksamkeit bei deinem Tun. Dadurch wird dein Handeln kraftvoll sein.

Erinnere dich, weshalb es sich lohnt, Erzieherin zu sein. Dein Beruf bietet dir viele kreative Möglichkeiten, die sich in ihrer Vielfältigkeit kaum in einem anderen Arbeitsfeld finden lassen. Richte deinen Fokus auf die Freude, die deine Arbeit mit sich bringt. Das Leben will nicht nur gelebt, sondern auch gefeiert werden. Mit deiner Hingabe und Begeisterung steckst du andere an und weist ihnen den Weg in die Achtsamkeit.

Und nun finde heraus, wer du bist und was noch alles in dir steckt. Es gibt noch so vieles zu entdecken. Genau in diesem Augenblick ist alles für dich da. Du brauchst auf nichts zu warten. Das Leben empfängt dich mit offenen Armen, denn es ist immer JETZT. Hab Spaß dabei!

Freu dich am Leben!

LITERATURTIPPS

Furtmeier, Karin / Wetter, Nadja: Achtsamkeit: Bewusste Momente leben. BLV, München, 2014.

Kabat-Zinn, Jon: 108 Momente der Achtsamkeit. Arbor, Freiburg i. Breisgau, 2009.

Knuf, Andreas: Ruhe da oben!: Der Weg zu einem gelassenen Geist. Arbor, Freiburg i. Breisgau, 2010.

Lassen, Arthur: Heute ist mein bester Tag. L.E.T., Bruchköbel, 2012.

Ott, Ulrich: Meditation für Skeptiker: Ein Neurowissenschaftler erklärt den Weg zum Selbst. Droemer, München, 2015.

Quante, Sonja: Was Kindern gut tut!: Handbuch der erlebnisorientierten Entspannung. Verlag modernes lernen, Dortmund, 2015.

Robbins, Anthony: Das Robbins Power Prinzip: Wie Sie Ihre wahren inneren Kräfte sofort einsetzen. Ullstein, Berlin, 2004.

Schnack, Gerd: Der große Ruhe-Nerv: 7 Sofort-Hilfen gegen Stress und Burnout. Herder spektrum, Freiburg i. Breisgau, 2016.

Schneider, Maren: Der kleine Alltagsbuddhist. Gräfe und Unzer, München, 2013.

Tepperwein, Kurt: Gelassenheit: Sich dem Strom des Lebens überlassen. Goldmann, München, 2009.

Tolle, Eckhart: Leben im Jetzt. Kamphausen, Bielefeld, 2010.

Tolle, Eckhart: Jetzt! – Die Kraft der Gegenwart: Ein Leitfaden zum spirituellen Erwachen. Kamphausen, Bielefeld, 2012.

Tomas, Eduard: Ruhe im Ich – 108 Meditationen aus dem Advaita-Vedanta. Schirner, Darmstadt, 2007.

Tsalos-Fürter, Ellen / Bartoli, Petra: Atempausen für Erzieherinnen. Verlag an der Ruhr, Mülheim an der Ruhr, 2012.

Weiss, Halko / Harrer, Michael E. / Dietz, Thomas: Das Achtsamkeits-Buch. Klett-Cotta, Stuttgart, 2010.

Wilker, Jessica: Das Einmaleins der Achtsamkeit: Vom täglichen Umgang mit alltäglichen Gefühlen. Theseus in J. Kamphausen, Bielefeld, 2010.

BILDNACHWEISE

S. 5: Fotolia / Kalim, S. 6: Fotolia / highwaystarz, S. 7: Fotolia / Grazvydas Jurgelevicius, S. 8: Fotolia / AntonioDiaz, S. 9: Fotolia / amelaxa, S. 10: Fotolia / Graham Oliver, S. 11: Fotolia / Voyagerix, S. 13: Fotolia / Fotoschlick, S. 14: Fotolia / ANDREAS BERTHOLD, S. 14: Fotolia / Gerhard Seybert, S. 15: Fotolia / Holger Schultz, S. 16: Fotolia / frankie's, S. 17: Fotolia / DOC RABE Media, S. 18: Fotolia / Fotowerk, S. 19: Fotolia / DMITRI MARUTA, S. 21: Fotolia / Rob Sylvan, S. 22: Fotolia / Floydine, S. 22: Fotolia / tinadefortunata, S. 24: Fotolia / Ikan_Leonid, S. 25: Fotolia / 1599685sv, S. 26: Fotolia / vartzbed, S. 27: Fotolia / GIS, S. 28: Fotolia / adik2041, S. 28: Fotolia / Ruslan Gilmanshin, S. 29: Fotolia / Netfalls, S. 32: Fotolia / minicel73, S. 35: Fotolia / ave_mario, S. 37: Fotolia / stefanrgbg, S. 39: Fotolia / vencav, S. 40: Fotolia / Michael Rosenwirth, S. 41, Fotolia / Sergey Yarochkin, S. 42: Fotolia / Forance, S. 43: Fotolia / viperagp, S. 45: Fotolia / maho, S. 45: Fotolia / Fontanis, S. 46: Fotolia / lenina11only, S. 47: Fotolia / K.- P. Adler, S. 48: Fotolia / STYF, S. 49: Fotolia / denisismagilov, S. 50: Fotolia / Catwoman, S. 51: Fotolia / vitanovski, S. 52: Fotolia / Tommy Windecker, S. 55: Fotolia / Coka, S. 56: Fotolia / donatas1205, S. 57: Fotolia / stockyimages, S. 59: Fotolia / lily, S. 59: Fotolia / merlin74, S. 60: Fotolia / frankie's, S. 61: Fotolia / Robert Kneschke, S. 62: Fotolia / PUNTO STUDIO FOTO AG, S. 63: Fotolia / fotofabrika, S. 65: Fotolia / upixa, S. 66: Fotolia / WavebreakMediaMicro, S. 67: Fotolia/pholidito, S. 68: Fotolia / Robert Kneschke, S. 70: Fotolia / SAIFUL NIZAM, S. 71: Fotolia / M.studio, S. 72: Fotolia / PROMA, S. 73: Fotolia / pixarno, S. 75: Fotolia / Gaj Rudolf, S. 77: Fotolia / Rebai Silvano, S. 78: Fotolia / JenkoAtaman, S. 81: Fotolia / Herby Meseritsch, S. 82: Fotolia / metlion, S. 83: Fotolia / Cello Armstrong, S. 84: Fotolia / MartiniDry, S. 89: Fotolia /Fotowerk, S. 91: Fotolia / Pixelot, S. 94: Fotolia / Olivier Le Moal, S. 96: Fotolia / Stephanie Kretz, S. 101: Fotolia / Unclesam, S. 102: Fotolia / StefanieB., S. 103: Fotolia / Julia Strochilina, S. 104: Fotolia / STUDIO GRAND OUEST, S. 105: Fotolia / zakiroff, S. 107:

Fotolia / SusaZoom, S. 108: Fotolia / Galyna Andrushko, S. 108: Fotolia / Pixelrohkost, S. 109: Fotolia / Jenny Sturm, S. 110: Fotolia / gudrun, S. 111: Fotolia / Galyna Andrushko, S. 112: Fotolia / kieferpix, S. 113: Fotolia / www.jonigraphy.com, S. 118: © Reinhard Funk

Autoreninfo

Mit 30 Jahren war ich, Ulrike Funk, Mutter von vier Kindern, Ehefrau und Hundebesitzerin. Zuhause ging es stets turbulent und lebhaft zu. Als das Chaos über mich hereinzubrechen drohte, stellte ich mir eine Frage, die mich in den letzten 25 Jahren fast täglich begleitete: Wie kann ich es schaffen, in meine Mitte zu kommen und dort zu verweilen, egal wie groß die Anforderungen sind? Achtsamkeit war stets die Antwort darauf. Einfach, aber nicht immer leicht. Aus heutiger Sicht kann ich sagen: Es war der Mühe wert.